ネクスト・デモクラシーの構想

—新たな民主政体へ—

小宮修太郎

彩流社

目次

序――この本が目ざすもの

【1】

２０２０年代の今、世界各国でデモクラシーの危機を思わせる現象が起きている。具体的な形は多様であるが、どの場合も民主政治の形骸化と政治への信頼感の低下という点では共通している。そのため、各国ともに民主主義の根幹が揺らぎ始めたと言えるような状況になっているのである。

こうした状況を反映して、民主主義の危機や衰退を論じる本が多数出版される一方、民主主義という政治体制の有効性を疑問視して、非民主的なものに置きかえることを主張する著作も現れるようになっている。（例：ジェイソン・ブレナン『アゲインスト・デモクラシー』２０２２年）

私は、大きな分類で言えば、民主制が最も良い政治制度であると考えている。

しかし、小分類で言えば、現在普及している代議制民主主義政体がベストであるとは言えず、本来の民主主義の理念に基づく、よりよい形の民主政体がありうると考えている。この著作は、そうした民主政体の一例を提示し、政治理念から具体的な諸制度に至るまでの全体を「ネクスト・デモクラシー」として描き出すものである。

私は、その政体が現代社会の抱える諸問題を解決して、よりよい社会とよりよい経済へと改革していくためにも役に立つものだと考えている。その意味で、社会の面でも、経済の面でも、政治の面でも、現代が必要とする性質を備えた政体であると思う。これからの時代に合わない古い政治体制からはできるだけ早く離脱し、新しい政治体制の下で多くの有権者の知恵と力を結集して、みんなが幸福に生きられる社会・世界をめざした政治を営んでいくべきだと考える。

[2]

この本を出版する目的は、

(1) 現在の自由民主主義政体に代わるべき、新たな民主政体の思想とビジョンを示すこと

(2) 同時に、それがよりよき社会・経済を作るための拠点にもなりうることを示すこと

という、2つである。

私は、政治体制のみならず、現代の社会のありよう、経済のありようは、どれだけ人々の幸福な生活の基盤になっているかという規準から考えて、ひどいものになっていると思う。この点は、多くの人々の共通認識にもなっていると思われるのであるが……。

したがって、来たるべき政体は、社会・経済領域に巣食うさまざまな問題を放置するものであっ

てはならない。それらの問題を避けては通れない公共的な課題として取り上げ、政治の回路からも解決を図っていくべきである。そうした取り組みが行われやすくなる政体を目ざしたいと思う。

そのためにも、その他多くの政治課題の解決のためにも、政体の変革が大きな変化をもたらすと考えている。それによってこれまでの政体では到底できなかったようなことが実現可能になるからである。例えば、戦後の「占領改革」が目覚ましい「農地解放」をもたらしたように…。しかも、構想の意図したようになれば、上からの改革ではなく、普通に生活している人々が望むような諸改革が実現できるようになるのだから、より意義深いものとなる。

ある人は、「それって、どんな政体なの」と早速聞きたくなるかもしれない。一口で言うのは、難しいのであるが……。そういう時は、「近現代の歴史的事例や、近年の先進国の良き先例にも学びつつ、以下の諸要素の総合によって生み出される独創的なビジョンを考えた」と答えようと思う。

1つは、20世紀の政治哲学者、ハンナ・アレントが提唱した評議会制システムを部分的に採り入れること。

2つ目は、小さな自治からの出発を重視する「ローカル・デモクラシー」の政体系列を中軸に据えること。

3つ目は、「eデモクラシー」(ネットやパソコンを活用した政治参加の手法)の技術を活用しつつ、参加民主主義的な性格が際立って強い民主政体にすること。

しかし、4つ目に政権交代や権力分立などの、既存の政体の良い点を、形を変えて継承していくこと。

もちろん、これらを貫く新しいデモクラシーの思想があり、その詳しい説明も心がけた。その思想は近代国家と自由民主主義政体の根本的な問題点の批判にもとづくものである。その点も含めて考えると、この民主主義思想と政体ビジョンは、近代が生み出した思想と政体モデルの欠陥を是正し、乗り越えることを目ざしたものであるとも言える。

実際にできあがったものが、こうした壮大な自負にふさわしいものであるかどうかは、読者諸氏の判断に委ねたいと思う。皆それぞれに、自身の認識や希望や経験にもとづいて考えていくのだから、答の多様性もあって当然なことである。それでも、この著作から何らかの刺激を得たと思ってくれる人々がいるなら、私としては十分満足できると思っている。

以上の思いとともに、今後の展開も多難を極めるに違いない世の中、世界に向けて、この本を送り出すことにする。

第1部　政体の歴史から考える

はじめに

本書の目的は今あるデモクラシー＝自由民主主義政体に代わる、もう一つのデモクラシーの構想を提示することにある。新しい政体の名前は今後考えることにして、今は仮にネクスト・デモクラシーと表記することにしたい。以下では、本書の主な構成とその意図を簡単に説明しておこうと思う。

新しい政体の構想を作り上げるためには、まず、基礎となる政治思想を確立していくことが必要である。次いで、その思想を現実のものとするのに最も適した政体構想をデザインしていくことになる。

これらの作業を進める上で筆者が心がけたのは、各種の理論・学説に学ぶことに加えて、近代の国家と民主制がたどってきた歴史の経験に学ぶことである。特に政体構想をデザインするためには、自由民主主義政体の形成時点からの歴史に含まれる各種の事象が参考になると思われたので、改めてその歴史の流れをたどってみた。

そうした準備作業を続ける中で、どうしても解決しなければならないと思う2つの中心的課題が浮かび上がってきた。1つは、よりよき民主政体を実現するためには、近代の産物である国民国家という枠組みからの離脱を図らなければならないということである。もう1つは、何よりも、自由民主主義政体の中軸となっている代議制民主主義の制度を他のものに置きかえなければならないということである。

そう考えつつ参照すべき政治思想・理論の文献を見ていくうちに、ハンナ・アレントの戦後の著作の中に、これら2つの課題への答を明言した部分があることを知った。それは、『革命について』(1963年)、『暴力について』(1972年)の2冊である。彼女は、これらの本の中で、近現代史に繰り返し現れた「評議会制」をモデルとした新たな民主主義への変革のビジョンを語っている。その仕組みと理念を持つ新たな政体の実現によって上記の2つの課題の解決が可能になると、希望を持って語っていたのである。

筆者は、アレントの提言に可能性を感じる。また、それを支える政治思想についても、共鳴する部分がある。しかし、現代の世界・社会に見られる問題状況や、諸条件の変化を考えてみると、その構想だけでは十分とは言えないという思いも持った。したがって、そうした条件の変化に合わせ、民主主義の実現のために看過できない諸問題の解決を図る方向で、思想と構想の発展を目ざすべきだと考えるようになったのである。

もう1つ、そうした作業の中で考えたのは、歴史的には革命の機関であった評議会は、そのままでは平時の政治機構とはなりにくいということである。そのため、評議会制のいい点を維持しつつ、後者として安定したものにするには、どうしたらいいかということも考えるようになった。結果的に、この点も解決した形のビジョンをまとめることができたと感じている。

第1部では、既存のデモクラシーの本質と問題点をとらえるという視点から、第1章で国民国家、第2章で自由民主主義政体について歴史的に考察する。

第2部では、ネクスト・デモクラシーの基礎となる思想の各側面と、それらを体現する制度構想について詳しく論じていく。

第3部では、各部分の制度を組み合わせて出来上がる政体構想の全体像を示し、政体の基本法となるべき新憲法の試案を提示する。これらを第2部と合わせて読んでもらうことによって、新たな政体の活用、作動のイメージも伝わるものと考えている。

第1章　国民国家のもたらしたもの

はじめに

自由民主主義政体は19世紀に欧米諸国で生まれたものであるが、そこに至るまでには近代国家の形成と変容の歴史があった。初めに登場したのは君主の主権によって領邦を一元支配する絶対主義国家であり、これが市民革命などを経て国民を主権者とする国民国家に変わっていく。この過程は国ごとに異なったものであり、その中で出来上がっていく政体も、それぞれの国の特色を持ったものとなった。しかし、それらには、近代政治思想の影響により、立憲主義・代議制民主主義・権力分立など基本的な理念と制度における共通性があった。また、19世紀以降に政党政治・普通選挙制度などの共通の仕組みを備えていくことにより、自由民主主義の政体モデルが出来上がっていったのである。

こうした各側面の「民主化」にもかかわらず、政体の前提となる国家の基本的枠組みは、初期の近代国家のそれと変わらなかった。その枠組みは、主権国家・領土・国民の概念、中央の権力の優位性、軍事力の独占、世界市場につながる国民経済などの要素によって作り上げられたものであり、それらが新たに構築される政体の基礎となっていた。

したがって、この政体の問題点を論じるときには、前提の枠組みとなっている国民国家というものが持つ固有の問題点を含めて見ていく必要があると考える。ということで、まず、国民国家の問題点から始めようと思う。

【1】 国民国家について――その1 「主権国家」の問題点

国民国家(nation state)観念の問題点は、その発生源に目を向けるとき、先行する絶対主義国家から受け継いだものと、変容の中で新たに加わったものとに分けられる。絶対主義から受け継いだものは、主権国家(state)という外枠であり、そこには主権(sovereign)という概念が含まれていた。一方、新たに加わったのは、国民(nation)という概念である。

主権とは何か。もともとは、国王が支配する領邦国家の教皇権力からの自立を正当化するための概念として生まれたものであるが、複数の領邦国家が並び立つ欧州の国際秩序の中で以下のような意味を持つものとなった。

「主権とは、領域国家において、外部からの干渉を排して、国家における政治意思を最終的に決定する権限のことである。」(福井憲彦「国民国家の形成」1996年)

16世紀や17世紀のヨーロッパにおいては、領邦国家同士の戦争が絶え間なく行われていた。こうした状況において、主権という概念は必要不可欠のものとなり、近代国家の基本的性格を表現するものとなっていく。国民国家の時代においてもこの点は変わらず、次第に形成されていく国際法の体系においても主権国家としての国家が基本の単位と見なされるようになっていった。

このように確立されたものではあるが、思想的に見れば、大きな問題を孕んだ概念であると考える。そこには、対外関係を律する原理としての問題点がある一方、国内の政治を民主政の理念から外れたものにしていくという問題点がある。つまり、外に向かっての危険性と内に向かっての危険性があると言えるのであるが、具体的にどのようなものか、どうしてそうなるのかを考えてみたい。

第1の問題点は、主権国家という観念が領土問題をめぐる争いや戦争という非人道的な手段の行使を正当化するものとなることである。

この因果関係について、政治学者の福田歓一は1978年の講演の中で次のように語っている。

「それならば、なぜこんなにも危険の大きい軍事力というものが要るのか、それは国家という政治社会の第一の政治任務が国民の生命、財産の安全を、むしろ多くの場合その国家それ自体の存立を保障するということにあったからであります。国家を超える上位の権威を否定したことから主権の概念は、前に申しましたように、まさに戦争の制度化を含んでいた。国家の第一の任務は対外戦争の遂行能力にかかっているとされたのであります。」（講演「民主主義と国民国家」『デモクラシーと国民国家』所収）

この中の「国家それ自体の存立を保障する……」という部分も重要である。実際の歴史を見ても、そこに住んでいる人々の安全よりも、国家の存立のほうが重視されるという政治の選択はしばしば繰り返されてきたからである。

近代国家の持つこうした本質の故に、その暴力が国家内部の反対派に向けられるという事態もしばしば発生してきた。そうした場合に、国家の存立への脅威になっているということが暴力行使の正当化の理由になるのもよく見られることである。外部の敵に対する戦争も、内部の敵に対する弾圧も、近代国家の本質の当然の現れであると言えよう。

第2の問題点は、国民主権という政治概念が、自由民主主義政体における理念と実態の乖離をもたらす起点にもなっているということである。この概念は絶対王政を倒し、封建制の政治社会を覆していく上では、変革のための理念として大いに役立った。しかし、その後の歴史においては、自由民主主義政体の本質的特徴を覆い隠すためと、国政を握る政治権力の正統化のために必要なものへと役割を変えてきている。

なぜそういうことが起きたかと言えば、「主権」という考え方自体の中に要因があったからである。これは、もともと中世のヨーロッパで「誰が最高の政治的権威であるか」を論じるために生み出されたものであったために、基本的に権力の関係を垂直の方向でとらえる見方を含んでいる。領主より国王が上の人、国王より教皇が上の人、というように……。国民国家の時代となり、タテマエにおいて「国民」が主権者とされ、その観念が代議制民主主義のシステムと結びつくとき、今度は国民の委託を受けた代表者が最高の地位を占めるようになる。そのため、国民の最高の代表者である首相や大統領は政治的秩序の頂点に立つものと見なされるようになるのである。彼らは、主権者であるはずの国民に代わり、その代理人であるはずの議会に代わって、最高の意思決定権限をふるうようになる。また、最高の政治的権威を持つ者となっている。

「国民主権」という理念は、普通選挙制度の導入とともに、民主政の寡頭制（註：少数の者が権力を握る政体）的実態のカモフラージュに役立つものともなった。ある政権の行う政策がどれほど実際の民意とかけ離れたものであったとしても、総選挙で政権与党が多数の議席を占めたという事実さえあれば、政権は自らの方針を実行に移すことができる。国会における強行突破による法案成立も正当化されてしまうのである。これは民主制を標榜する国々の現代史において、繰り返し現れてきた事態である。そして、今後も繰り返されていくことが予想される。

主権概念にもとづく政治が続くかぎり、民主政の実態が民主主義の理念から遠ざかっていくという日常的な浸食作用も止むことはないと見るべきである。したがって、本気でその名に値する民主政を実現しようとするならば、基本となっている政治概念そのものを見直し、変更していく必要がある。主権国家という観念も当然その中に含めるべきなのである。

[2]　国民国家について——その2　「国民」という概念の問題点

以上のように、「主権国家」の概念が戦争や寡頭制につながる問題点を含んでいるのに対して、これと結びつけられた「国民」の概念のほうは戦争の正当化に加えて、社会の中の排除・差別・少数者の人権の無視につながる問題点もはらんでいる。どうしてそうなったのか、起源のところから説明してみたい。

そもそも「国民」という概念は、国民主権という理念からわかるように、絶対王政に代わる新たな政体の正統性の根拠として用いられたものである。しかし、それならば、市民革命の理念を表すに際して、より普遍的な「人民主権」という選択肢もありえたのに、なぜ「国民主権」と範囲を限定したのかという疑問が湧く。これに対しては、新たな国家に「共同体の要素を付け加える」ためだったという答が出されている。

「この絶対王政と主権の概念とが、中世ヨーロッパの普遍共同体に代えて、近代特有の政治単位としての領域国家を作り出したのであります。（中略）そして、この国家に政治社会としての共同体的性格ないし幻想を供給したものこそ、国民 nation という近代の概念であったのでありま す。」（『現代における国家と民族』福田歓一 1985年）

確かに、19世紀以降の歴史展開を見れば、国民国家という共同幻想が与えた影響の大きさがわかる。当時の欧米からアジア諸国に広がったナショナリズムの昂揚は、この共同幻想にもとづき国民を1つの運命共同体と見る意識に支えられていたのである。

福田の文章で「共同性の供給」という表現が用いられているのは、先進諸国においては18世紀までに中世社会の崩壊が進み、古い共同性の紐帯が失われてきていたことによる。この変化をもたらした資本主義の発展は、一方で新たな共同性としての国民意識の基盤となるものを生み出しつつあった。交通手段の発達、市場経済の発展、新聞・出版の盛況などがそれである。

また、「共同幻想」という表現が用いられるのは、現実の近代国家はそこに含まれる宗教・イデオロギー・エスニシティなどの差異によって均質なものではなくなっていたからである。また、資本主義の発展の中で階級間の対立もきびしさを増していった。このため、「国民」の共同性は擬制としての性質を帯びるようになったのである。また、この性質から、国民国家におけるいくつかの問題点を生みだす元にもなっていった。

第一の問題点としては、擬制の共同性としての「国民」が、異質なものへの同化と排除の圧力を生みだしたことがあげられる。それは、まず、エスニック少数派や定住外国人への同化政策として現れた。帝国主義の時代に植民地の諸民族に対して強い同化圧力が加えられたことも、同じ動機によるものであった。第2次大戦後、各国の政策が多文化主義に転換して以降、あからさまな同化政策はとられなくなったが、差別に基づく無形の同化圧力は依然として続いている。また、「国民」の観念の影響は、戦中の非国民呼ばわりや、現代のヘイト差別などの形で異質なものに対する排除の圧力としても現れた。国民国家における同化と排除の圧力は、コインの裏表のようなものとして続いてきたし、今も続いているのである。

第二の問題点は、法的には「国民」の中に含まれることになった他民族やエスニック集団に対しての差別が強まっていったことである。これは、擬制の共同性としての「国民」は、内なる差別を強めていく作用も持っていることを意味するものである。

どうしてそうなるのかは、「国民」と民族の関係を考えることによって明らかになる。まず、擬制としての「国民」は、本来は国家の正統な構成員という意味を持ち、特定の民族と関係づけられてはいなかった。しかし、実態においては必ずその国で優勢な民族がいて、ナショナリズムの昂揚とともに、その人々の民族意識も高まっていくようになった。言語の統一や歴史教育など国家形成にともなうすべてのことがこの傾向を促進していく。その中で、多数派以外のエスニック集団に対する差別の意識が強まるのは当然の結果だった。

第三の問題点は、普遍的人権と特殊国民的権利が結びつけられ、後者に置きかえられたこと（例えば、「すべての国民は……権利を有する」という憲法条文の書き方に示される。）によって、無国籍者や難民に対しては人権が保障されなくなるという矛盾が生じたことである。『全体主義の起源』におけるアレントのこの指摘に対して、花崎皋平は強い賛意を評しつつ、以下のように解説している。

「第二次世界大戦後に生じた、国民国家に関係ある出来事として、彼女は無国籍者、難民の大量発生ということをあげている。その出来事と『人権』の状況をむすびつけて論じている部分に、私はとりわけ、衝撃を受けた。（中略）古代以来の神聖な権利としてのアジール（避難所）を求める権利、つまりある国家の権力範囲から逃れた亡命者たちに対しては、自動的に他の国家の保護が与えられ、法の保護や一定の権利が保障される慣習的権利は、消滅してしまった。国民国家体制の世界では、アジール権は権利としての質を失い、国家の裁量次第という、たんなる寛容でしかなくなった。それは、けっして人権宣言にもとづく義務ではないのである。」(『アイデンティティと共生の哲学』１９９３年)

その他の普遍的人権にも同じことが起こった。こうした変化により、人権の保障を最も必要とする人々が、まったく保護の得られないまま、サバイバル状況にさらされるという事態が生まれた。

こうした矛盾が示しているのは、国民国家が持つ本質的な差別体質である。それは、自国の国籍を持つ者だけを守ろうとする本性を持っている。そのためには、自らが標榜する普遍的な理念に背くことも厭わない存在なのである。

以上、「主権国家」という概念の生むものと「国民」という概念の生むものに分けて、「国民国家」が持つ固有の問題点を見てきた。この国家形態は、世界史的に見れば、資本主義が発展を続け、諸国民が覇権を求めて競い合う時代にはふさわしかったのかもしれない。しかし、国同士の競争よりは人類全体の協力によって各種の危機を乗り越えて行くことが求められる21世紀の現代においては、国民国家の廃絶こそがよりよき社会と世界への活路をもたらすものになっていると考える。したがって、このことは、批判的に論じるにとどまらず、実現のための方策を論じ(第2部第9章)、政体変革の構想の中にも含めていきたいと思う。

第2章　自由民主主義政体の来歴——19世紀から20世紀前半まで

はじめに

国民国家の問題点については、その根源となった概念の問題性という面から見てきた。しかし、その一般的政体となった自由民主主義政体については、出発点からの歴史的変遷をたどりつつ見ていく必要があると考える。その理念やコンセプトは同じであっても、政体の実際のあり方、機能のし方は時代とともに変わってきたからである。しかし、その歴史のすべてを論じる必要はないと思うので、主な問題点の原因となったような節目の変化を追っていくことにしたい。

[1]　自由民主主義政体の形成過程をどう見るか

19世紀の前半から後半にかけて、米・英・仏などの欧米先進国では、自由民主主義政体の形成の過程が進んでいった。具体的過程は国によって異なるものの、そこには共通の要因、共通の意図、共通の傾向、共通の着地点が含まれていた。この政体の本質的特徴をとらえるためには、それらを見ておく必要がある。

まず、ヨーロッパ諸国について見ていこう。

ヨーロッパでは19世紀に入って階級闘争が激化しつつあり、そのために、新たな政体を階級社会へ適合したものにしていくことが切実に求められていた。イデオロギー潮流としては、自由主義者と民主主義者の他に、保守主義者と社会主義者も加わり、複雑なせめぎあいの構図となった。その中で、秩序回復を願う人々の共通の関心事となっていたのは、民主主義への渇望を持って政治に参加してくる民衆の力をいかに抑制し、制御するかということだった。イマニュエル・ウォーラーステインは、『近代世界システムⅣ』(2011年)の中で次のように書いている。

「全地球的な秩序の回復をめざす人々にとって驚きとなったのは、人民主権の概念は、彼らの認識をはるかに超えて、深く根付いていたことである。それを葬り去ることは、たとえそうしたいと思っても、不可能なことであった。いまや民主主義という妖怪が、名望家層につきまとっていた。(中略)したがって、名望家たちにとっては、いかにも民主的に見えて、実際はそうではない機構をどのようにして作り上げるかが問題だった。しかも、その機構は民衆のかなりの部分の支持をとりつけるのでなければならなかったが、そんなことは容易なことではなかった。したがって、自由主義国家こそが歴史的な解決策となるはずであった。」

経済的な先進国でもあったイギリス・フランスにおいては、19世紀の前半から労働者階級の政治への登場が大きな脅威として感じられるようになっていた。この脅威に対する「歴史的な解決策」となるはずの自由主義国家においては、何よりも労働者階級と資本家階級の間の対立の解消が目ざされなければならなかった。ジョン・スチュアート・ミルの『代議制統治論』は1861年に出版されたものであるが、この論点に触れて次のように書いている。

「現代の社会は、人種や言語、国民としての帰属意識の相違から生じる強い反感で内部分裂していない場合は、主に二つの部分に分かれていると考えてよい。(中略)一方を労働者と呼び、他方を雇用者と呼んでおこう。(中略)このような構成の社会状態で、代議制が理想的と言えるほど完全になることができ、また、その状態で維持可能となるには、一方で肉体労働者やそれに類する人々、他方で雇用者やそれに類する人々という二つの階級が、代議制の仕組みの中で均衡し、議会での採決においてほぼ同数の議員に影響力を持つようになっている必要がある。」

19世紀に初めて基本形が形成された自由民主主義政体は、このように階級闘争の行方が政治全体の動向を左右する時代に生まれた。C・B・マクファーソンが著書『自由民主主義は生き残れるか』の冒頭で述べているように、この政体の特質は「民主的統治の機構を階級的に分割された社会に適合させようとして企図されたという事実から生ずる」ものだったと言える。欧州における階級闘争の激しさを思えば、難度の高い課題だったと見られるが、その答の鍵となったのは、「政党制」だった。

18世紀から19世紀への政治思想の展開を描いた後で、マクファーソンは、政党制の発展に焦点を当てて、次のように書いている。

「男子平等選挙権がミルの恐れた階級政府をもたらさなかった理由は、政党制がこの民主主義を飼いならすのに異常な成功を収めたことである。（中略）私が考えるに、政党制が民主的選挙権の開始いらい西側民主主義国で実際に遂行してきた機能は、懸念された、あるいはおこりうる階級対立の鋭さをぼかしてしまうことにあった——といってもいいすぎではない。（中略）階級的境界線をぼかし、それによって相争う階級的な利害を調整するこの機能は、政党制の三つの変種のどれによっても同様にうまく遂行されることが見てとれる。（中略）第一の事例（二大政党制）においては、各党は中間的立場に移動する傾向があり、その中間的立場は各政党が明白な階級的立場を避けることを要求する。（中略）第三の事例……の多党制においては、どの政党も選挙民に対して明確な約束を与えることができない。なぜなら、その政党も選挙民もともに、その政党が連合政府において不断の妥協をせざるをえないことを知っているからである。」（『自由民主主義は生き残れるか』１９７７年）

マクファーソンは、こうした分析をふまえて、政党制が自由民主主義政体の確立と安定化に果たした役割を次のようにまとめている。

「政党制が、普通選挙権を不平等社会の維持と折り合わせる手段であったということである。政党制は争点をぼやかし、選挙民に対する政府の（直接の）責任を消滅させることによって、そうしてきたのである。」

この役割を果たした政党制は、19世紀中葉までの「名望家政党」のそれではなく、19世紀後半の男子普通選挙権の導入とともに発展してきた「大衆政党」が競い合うシステムのことである。「大衆政党」とは、特に左派の政党において典型的に見られたものであるが、指導者と幹部たちと支持者大衆からなる近代的組織をそなえた政党のことである。それは、欧州では1880年代以降に普及し、20世紀以降の政党政治を準備するものとなった。

アメリカの場合は、イギリス本国からの独立革命という形で国家形成が行われたため、自由民主主義政体の形成過程もヨーロッパとは異なるものとなった。しかし、政体の制度設計に込められた意図や、諸勢力のせめぎ合い、最終的な着地点などには共通点が見られるのである。政治学者の待鳥聡史は、19世紀前半のデモクラシーの変遷を描く中で次のように述べている。

「厳格な権力分立の導入によって、議会をはじめとする特定の部門、あるいは特定の政治勢力に権力が集中しないようにした合衆国憲法の理念は、十九世紀に入ると変質していく。端的にいえば、権力分立によって『多数者の専制』を徹底的に抑止しようとしたマディソンの構想は、後退を余儀なくされていったのである。それは、アメリカ政治における民主主義的要素の強まり、すなわち民主化だったとも言える。その原動力となったのは、政党であった。最初の大統領となったワシントンは挙国一致内閣を形成したが、彼の下に集結した建国の父祖たちの間には、次第にアメリカという国家の理想像や具体的な政策をめぐって相違が生まれるようになった。そして、ワシントンが二期八年で大統領の座から降りると、一七九六年の大統領選挙からは政党に分かれ

て候補者を立てることになった。」(待鳥聡史『代議制民主主義――「民意」と「政治家」を問い直す』2015年)

「しかし、政治に関与するエリートが相互に競争し、抑制し合うことによって、特定の勢力が権力を持ちすぎないようにする、という構図は守られている。民主主義を抑止する役割を代わりに担うようになった多元的政治観、そしてその延長上にある自由主義は、当初ほど圧倒的ではなくなったにしても、依然として生命力を保っているといえよう。言い換えるならば、アメリカ政治の基本構図は、建国当初の共和主義による民主主義の抑止から、合衆国憲法制定直後の多元的政治観(マディソン的自由主義)による民主主義の抑止を経て、今日の自由主義と民主主義の併存へと変化したのである。」(同上)

こうした欧米各国の歴史からわかることとは、自由民主主義政体が形成される前段階においては、各イデオロギー潮流間のせめぎあいが見られたこと、とくに民主主義的潮流への警戒感が強かったことである。さらに、注目すべきだと思うのは、自由民主主義政体の変化と最終的確立のカギになったのが大衆政党だったことである。初期の近代的政党＝大衆政党は、大衆と政治の結びつきを作り出したという点で民主化の役割を果たすと同時に、一方では「階級対立の鋭さをぼかす働き」も持っていた。マクファーソンが言うように、「政党制は民主主義を飼いならすのに異常な成功を収めた」のであり、ウォーラーステインが言うように「いかにも民主主義的に見えて実際はそうではない機構を作り上げる」ための有効な手段となったのである。

[2] 大衆政党の時代

19世紀の欧米の政治における政党の力の伸長は、初めに自由主義者の主導でデザインされた政体の性格が、各国の歴史の展開により民主主義的な方向に変わっていったことを示しているように見える。また、共通して見られた名望家政党から大衆政党への移行も、政党制自体の民主化だったようにも見える。しかし、欧州の大衆政党の研究やアメリカ史の詳しい記述を見ると、これらの変化が単純に民主化と言えるのかどうかという疑問が湧く。なので、まず、この論点について考えてみたい。

有賀貞『アメリカ史1・2』(1993・1994年)には、アメリカにおける政党政治の時系列的変化の記述が多く含まれている。19世紀後半については、以下のような記述が見られた。

「南北戦争後……この時期は二大政党への帰属意識が強かった。どちらの党も似たりよったりで、政策的意味を欠いていた。共和党は自党を分裂の危機から救った『愛国』の党、奴隷を解放した『改革』の党として描き、民主党は反中央集権、『個人的自由』を打ち出すことによって共和党政権に不満を抱く人々を引きつけることに成功した。」

「二大政党は70年代、80年代の社会の要請や人々の要求に積極的に対処する姿勢を見せず、ともに官職と利権あさりに狂奔する職業政治家のように見えた。にもかかわらず、各選挙の投票率は高く、人々の政党帰属意識はきわめて強く、似たりよったりの政党の間の選挙戦は激烈をきわめた。」

「政党も連合体にすぎなかった。……このような党組織を運営し、有権者を確保するための活動を行えたのは、政治を職業としていた人々のみであった。こうした人々は非公式の内部組織『マシーン』を通じて活動した。」

これらの記述からわかるのは、次のようなことである。

①アメリカでは、19世紀中葉には大衆政党への変化が進んでいた。

②各政党とも固定的な支持者層を持ち、その人々の政党帰属意識は強かった。

③支持者たちは政策によって投票先を決めると言うよりは、党のイメージによって選んでいた。その選好は固定される傾向があった。

④政策の決定は、職業政治家たちによってなされていた。

⑤党に属する政治家たちは、社会の要請や人々の要求に積極的に対処する姿勢を見せていなかった。

⑥にもかかわらず、国政選挙における投票率はきわめて高く、人々の政治への関心は高かった。

⑦党の活動のために中心的役割を果たしたのは、非公式の内部組織である「マシーン」であった。

アメリカ政治の「民主化」の内実は、このようにきわめて限定されたものだったことがわかる。それは二大政党の組織内についても言えることであり、そこでは職業政治家たちが「マシーン」を通じて、内部の動きを統制していたのである。一般の党員たちは組織拡大や選挙戦勝利のために党の方針どおりに動く存在となり、大組織の中での分業関係が発達していった。

政治社会学者マックス・ウェーバーは、1919年の講演の中で、アメリカ、イギリスにおける大衆政党の組織の実態について次のように語っている。

「この名望家支配、とくに代議士支配の牧歌的状態と鋭い対照をなしているのが、次に述べる最も近代的な政党組織である。これを生みだしたのは、民主制、普通選挙権、大衆獲得と大衆組織の必要、指導における最高度の統一性ときわめて厳しい党規律の発達である。名望家支配と代議士による操縦は終わりを告げ、院外の『本職』の政治家が経営を握るようになる。(中略)形の上では広汎な民主化がおこなわれる。(中略)組織された党員の集会が候補者を選び、上級の党集会に代表を送り出すようになる。もちろん、実際に権力を握っているのは、経営の内部で継続的に仕事をしている者か、でなければ、政党経営の根っこのところを金銭や人事の面で抑えている人間たちである。(中略)こういうマシーンの登場は、換言すれば、人民投票的民主制の到来を意味する。」

「すべての権力は党の頂点に立つ少数者の手に、最後には一人の手に集中されることになった。事実イギリスの自由党では、グラッドストンが権力の座に登るのと結びついて全機構が急速に膨れ上がっている。このマシーンがあのように急速に名望家に勝てたのは、グラッドストンの『偉大な』デマゴギーの魅力、彼の政策の倫理的内容、とくに彼の人格の倫理的性格に対する大衆の確固たる信頼によるものであった。政治における一種のカエサル的=人民投票的要素、つまり選挙戦における独裁者がこうして登場した。」(『職業としての政治』1919年)

ウェーバーは、アメリカにおける同様な変化は１８４０年代初期におきたと言っている。その経過と政党マシーンについて語った後で、この変化が民主制にもたらした結果を次のように語っている。

「人民投票的指導者による政党支配は、追随者から『魂を奪い』、彼らの精神的プロレタリア化――とでも言えそうな事態――を現実にもたらす、ということである。指導者のための装置として役立つためには、追随者は盲目的に服従しなければならず、アメリカ的な意味でのマシーンでなければならない。」(同上)

このように、大衆政党化した近代政党においては、一人の指導者または複数の派閥指導者たちの支配が確立されていく。彼らに従いつつ党機構を動かしていくのは、党組織の官僚たちである。一般の党員たちは、指導者と官僚たちの作り上げる運動方針や政策案を支持して、推薦された候補者に投票したり、集会やデモに動員される受動的な参加者となっていく。このような性格・特徴を持つ「大衆政党」は各国に普及し、20世紀の前半、さらに後半の１９７０年代まで続く政党モデルとなった。

このような特徴を持つ大衆政党にもとづく政党制は、自由民主主義の政体を階級社会に適合したものにするために大きく貢献したと言えよう。こうした組織にもとづく自由民主主義政体は、民主主義の理念の実現という視点から見れば数々の問題点を持ちながらも、代議制のシステムを確立し、20世紀前半における国民国家の政治体としての役割を果たしていくことになった。

（自由民主主義政体の実像は、先進国社会の変容とグローバル経済の変動にともなって、その後も変化を続けていった。引き続き論じていきたいところであるが、紙数の制約のため、ここでは割愛せざるをえない。興味を持たれた方は、ネット経由で私のブログ『ネクスト・デモクラシーの研究室』の中の文章を参照してほしい。）

第2部　ネクスト・デモクラシーの思想と構想

第1章　アレント評議会制論の政治思想

[1]　アレントの提唱

ハンナ・アレントは第2次大戦後、民主主義諸国の政治体制の根本的な変革を提唱する発言を行うようになった。

提唱の内容とその基となった思想は、『暴力について』（1972）のインタビュー記録と『革命について』（1963）の文章に見ることができる。インタビューの中でアレントが語ったのは、「これまでの主権国家の概念に代えて、新しい国家概念を生み出す必要がある。」「官僚組織と政党政治に代る新しい政治形態は評議会制度である。」「これは歴史上くり返し現れた、たった一つの代替案である。今後、この方向で何かが見つかるに違いないと私は思う。」等の言葉である。

研究書の資料によれば、この方向での発言は1958年から始まっていたことがわかる。また、そのきっかけとなったのは1956年のハンガリー革命であったと指摘されている。現代の歴史と向き合い、考察を重ねる中で生まれてきた考えであったことがわかるのである。

『暴力について』所収のインタビュー記録には、主権という概念も変えるべきであること、評議会制が今までとは異なる質を持った民主政治の可能性を示すものであることも語られている。当該の個所を引用しておこう。

［インタビュー記録の発言内容］

このインタビューは、1970年夏にドイツの作家アデルバート・ライフが聞き手となって行われたものである。当時の学生運動などについての対話がなされた後、最後の5ページ分に以下のやりとりがある。

ライフ：「先生の『暴力について』という ご本の中で、先生はこう言っておられます。『国家の独立と国家の主権とが同一のものと考えられるかぎり、戦争の問題の抽象的解決法さえ考えられない。』それでは、先生はどのような国家観をお持ちなのでしょうか。」

アレント：「私が考えているのは、現在の国家観は変えなければならないということです。われわれが『国家』と呼んでいるものは、十五、六世紀以来のものに過ぎませんし、主権という概念も同じです。主権はいろいろな意味を持っていますが、一つには国際間の対立は戦争によってのみ解決できるのであって、それ以外に最後の手段はあり得ない、ということを意味します。しかしあらゆる平和主義構想とは別に、暴力の手段がこれほど拡大された今日では、大国間の戦争は不可能です。とすれば、戦争という最後の手段に代るものは何かという問題が起こるわけです。主権国間には戦争以外に最後の手段はありません。戦争がもはやその役割を果たさないのであれば、その事実だけでもわれわれが新しい国家観を必要としている証拠になります。（中略）

革命は新しいものを打ち樹てたにもかかわらず、国家観あるいは国家の主権という考えを揺るがすことができなかったと言った時に、私の頭にあったのは『革命について』という本の中で多少詳しく説明しようとしたことなのです。一八世紀の革命以来、大きい変動があるたびにまったく新しい政治形態ができあがるのですが、それはそれ以前のあらゆる革命理論とは無関係に、革命自体の中から生まれ出るのです。要するに、行動の経験と、その結果として生まれるところの政治に引き続き参加したいという行動者の意志とから生まれ出るのです。

この新しい政治形態が評議会制度であり、それはいつの場合にも、結局国家の官僚組織、または政党機関によって滅ぼされてしまったことは周知のとおりです。この制度がまったくのユートピアなのか、その点は私には分りません。しかし歴史上に現れた唯一の可能性であり、それも繰り返し現れたものです。（中略）この方向に何か新しく発見できるもの、今までのものとはまったく違う組織の原則があって、下から発生して次第に上に向かって進み、最後には会議体に到達できるのではないかと私は思います。（中略）

評議会は次のような意図を持っているわけです。われわれは参加したい、議論したい、公衆にわれわれの声を聞いてもらいたい、そしてわが国の政治の進路をわれわれが決定できるようになりたいのだ。しかし全国民が集まって自分の運命を決定するには国が大きすぎるので、国内にいくつかの公の場所が必要である。政府は問題にならない。政党内においてわれわれの大多数は操られる存在にすぎない。しかし仮に十人であっても、テーブルの回りに腰かけてめいめい自分の意見を述べ、他人の意見を聞くとすれば、その交換を通して合理的に意見がまとめられるのである。理性的な意見の交換がなされる。そして一つ上の評議会でわれわれの意見を代表して述べるのは誰がもっとも適当かおのずから明らかになる。またそこでわれわれの意見は他の意見の影響で明確になり、改訂され、あるいは誤りがはっきりする。

もちろん、全国民がこのような評議会の構成員となる必要はありません。すべての人が公事にたずさわりたいと思うわけではないし、その必要もありません。そこで一国の中で政治上の真のエリートを集める選出の過程ができあがります。

私はこの方向に新しい国家観の形成の可能性を見るわけです。主権の原理とはまったく無縁であろうこの種の評議会国家は、あらゆる種類の連邦に適しています。特に権力が縦に形成されるのでなく、横に形成されるからです。

しかし実現の可能性はと今聞かれれば、あるとしてもきわめて少ないと答えざるを得ません。それにしても、そうですね。この次の革命の後には案外できるかもしれません。」

この談話の内容から、アレントは評議会制が新しい政治形態であるとともに、主権国家に代る新たな国家観を生み出す可能性を持つものとして見ていたことがわかる。それは、大国間の戦争が不可能になった時代にふさわしい国家観であると捉えられている。

また、評議会制のもとで、どのように政治的決定がなされていくかの具体的なイメージも語られている。全国各地の小さな評議会で最初の討論が行われ、それが次第に集約され、反映される中で、全国住民の集団としての意思がまとめられていくイメージである。それは、明らかに既存のデモクラシーとは異なる、もう一つのデモクラシーの像を描き出している。

このインタビューに先立つ１９６３年、『革命について』の中で、アレントはハンガリー革命について以下のように書いている。

「たとえばハンガリーの場合、あらゆる居住地域に出現した地域的な評議会、街頭における共同の闘争の中から成長してきたいわゆる革命評議会、ブタペストのカフェで生まれた作家や芸術家の評議会、大学における学生・青年評議会、工場の労働者評議会、軍隊の評議会、公務員の評議会等々があった。このような種々雑多な集団の中にそれぞれ評議会がつくられた結果、多かれ少なかれ偶然的であった近接関係は、一つの政治制度に変わった。この自発的な発展の中でもっとも驚くべき局面は、この二つの例において、ロシアの場合は数週間、ハンガリーの場合は数日もするとこれらのいちじるしく雑多な独立した機関が、地域的・地方的性格の上級評議会を形成しつつ、協力と統合の過程を促進しはじめ、ついにはこれらの地域的・地方的性格の上級評議会から全国を代表する会議の代議員を選挙するまでになったということである。北アメリカの植民地史における初期の契約や協合や同盟の場合と同じように、ここでも連邦の原理、すなわち別々の単位のあいだの連盟と同盟の原理が、活動そのものの基本的条件から生まれたのであって、広い領土における共和政体の可能性にかんする理論的考察によって影響を受けたのでもなく、共通の敵の脅威をうけて結集したのでもないことがわかる。共通の目的は新しい政治体を創設することであり、新しいタイプの共和政体をつくることであった。」(『革命について』1963年)

ここから、アレントが評議会の組織の特徴とアメリカ合衆国の形成過程の間に共通点を見出していたことがわかる。1つは、自発的な連邦の原理、すなわち「別々の単位のあいだの連盟と同盟の原理」が活動そのものの基本的条件から生まれたこと、2つ目は、「共通の目的は新しい政治体を創設することであり、新しいタイプの共和政体をつくること」であったと述べているからである。

この論述からもわかるように、アレントの評議会思想は、政体変革のビジョンであるとともに、独自の民主主義思想でもあった。その要点をまとめてみると、以下のようになる。

①「主権国家」に代る、新しい国家観が必要だと主張していること。

アレントは、1つの理由として、大国間の戦争が不可能になっていることをあげている。新たな国家観の内容としては、評議会制と連邦制の結合というビジョンを示している。

②評議会制を、代議制・政党政治とはまったく別種の民主主義として見ていること。相違点の中心として、民衆の活動によって生まれ、維持されるものであることをあげていること。

③評議会制のシステムは、民衆の生活圏から始まり、下から上へと積み上げられていくという特質を持っていると見ていること。
④評議会の政治は、民衆の政治参加への熱望に支えられ、各レベルの評議会における理性的な議論によって営まれていたと見ていること。
⑤権力について、「縦に形成されるもの」から「横に形成されるもの」という変化が起きていたと見ていること。
⑥上記の過程で自然に生まれる「民衆の中のエリート」が引っ張っていく政治になるだろうと見ていること。
⑦ハンガリー革命のように、多様な属性の人々が参加する評議会制がイメージされていること。
アレントが評議会制という歴史事象に惹かれ、変革のビジョンとして提唱しようと思った理由は、以上のようなことであったと思われる。『革命について』の中では、その思想がさらに詳しく述べられているので、関係ある部分を見ていくことにしたい。

[2] アレントのアメリカ革命論から

(1)「自由」と公的空間

1963年に刊行された著書『革命について』は、第1章「革命の意味」から始まっている。そこでアレントは、近代の革命のエッセンスにあたるものについて論じているのであるが、その一つの要素とされているのは、「自由の観念」である。例えば、次のような個所がある。

「近代の革命を理解する上で決定的なのは、自由の観念と新しい『はじまり』の経験とが同時的であるということである。」

この場合の「自由」とは、いわゆる「消極的自由、私的自由」ではなく、「積極的自由、公的自由」であり、アレントはギリシャ都市国家における市民の政治参加をモデルにして説明している。そこに見られる自由は、「平等な関係にある者同士の政治参加によって実現する自由」である。したがって、そうした自由が実現するためには、平等な関係において他者とのコミュニケーションが行われる政治的空間が必要となる。

「このようにギリシャの政治思想において自由と平等の結合が強調された理由は、自由が、人間活動のある部分に明示され、それらの活動は、他人が見、判断し、記憶している場合にのみあらわれ、現実のものとなるからであった。自由人の生活は他人の存在を必要としたのである。したがって、自由そのものには、人々の集まる場所すなわち集会所、市場、都市国家など固有の政治的空間が必要であった。」

古代ギリシャの都市国家もそうであるが、近代の革命も一時的であれ、そのような政治的空間を生みだした。この共有された空間において多くの市民が出会い、新しい政治体を作り出すために共に活動したこと、その中で公的自由を経験したこと、そのこと自体が革命という現象の最も重要な意義であるとアレントは考えていた。

「ここ数世紀の革命精神、すなわち自由が住むことのできる新しい家を解放し、そして建てたいという熱望は、それまでの歴史にはなかったことであり、比類のないものである。」「自由が住むことのできる新しい家」……革命が創設すべき政治体は、すべての人に公的自由、すなわち政治参加の権利と機会を保障するものでなければならない。そうした政治体を共に作っていこうという熱意を指して、アレントは「革命精神」と呼んでいる。

（2）　アメリカ革命初期の評価から見えるもの

共通して上記のような革命精神を持ちつつ始まった近代・現代の革命は、その後、それぞれが持っていた客観的条件や主体的条件の差異により、異なる方向へと展開していった。アレントは、悲惨な展開になってしまった例としてフランス革命を挙げ、一応の成功をおさめた例としてアメリカ革命を挙げている。

そのアメリカ革命においても、合衆国憲法の制定と代議制民主主義システムの確立を通して革命精神は失われ、変質が進んでいくのであるが、その初期における建設過程の様相は望ましいものだったとアレントは捉えている。

①アメリカ革命の目ざしたもの

アレントは、アメリカ革命の成功の要因の一つとして、その目標が「自由の創設と永続的な制度の樹立」ということで一貫していたこと、フランス革命のように変化・揺れ動きがなかったことをあげている。この目標を掲げた革命精神はアメリカにおいてもやがて失われていくのであるが、初期を通じて見られたこの一貫性により、「公的自由」という観念が意識においても制度においても失われてしまうことはなかった。

②初期の政治社会の性格

アメリカ革命が生み出したそのような政治構造は、独立以前の自治的な政治社会を基礎とするものであった。そこでの経験を積んできた人々によって革命が行われたことも好条件の一つだったとアレントは見ている。

その政治社会は、「生活を共にしている」人々の相互の約束にもとづいたものであり、複数の人々が活動のためにお互いに結びつく場合に生じる権力によって成り立っていた。そのため、主権政治の下で一般的だった「統治関係」が形成されることはなかった。古代ギリシャでそうであったように、同等者の間での自由な政治的空間が現出していたのである。

アレントは、こうした過程の中で育った「契約」の観念の重要性を強調している。その契約は、人民と支配者の間で結ばれる社会契約ではなく、参加する個人同士の間で結ばれる社会契約という性格を持っていた。二種の契約の違いを示す中で、後者の性格の契約については、次のように説明している。

「共同体をつくるために人々がお互い同士結ぶ相互的な契約は、互恵主義にもとづいており、平等を前提としている。その実際の内容は約束であり、その結果はもちろん、同盟《アライアンス》を意味する、societas（ソキエタス）の古いローマ的な意味での『社会《ソサエティ》』あるいは『協合《コンソシエーション》』である。このような同盟は、『自由で真面目な約束』によって同盟者たちの孤立した力を集中し、彼らを結びつけて、新しい権力構造をつくる。」

二つの社会契約は、「垂直性」と「水平性」という視点から見ると、まったく対照的なものである。前者は、統治する者と統治される者の間の「垂直性」の関係にもとづくものであり、後者の契約は、対等な者同士の間で結ばれるもので、「水平性」の関係にもとづくものだからである。

アメリカ革命初期の評価すべき点についての記述を見ていくと、アレントがそこに近代が生んだ「主権の政治」および統治形態とは対照的に異なる性格の政治のあり方を見出していたことがわかる。と同時に、こうしたアメリカ革命初期の高い評価と、最後に出てくる評議会革命への積極的支持の間には理由の面での共通性があることも見えてくるのである。それは、いずれもが「平等な関係にある者同士の政治参加によって実現する自由」による公的幸福を味わいつつ活動する市民たちの共同行動として捉えられていたということである。

③アメリカ革命が生んだ政治原理

植民地アメリカにおいて革命以前に自治的な政治社会があったことは、持続する政治体・政治構造を創出していく上でも有利な条件となった。革命を担った人々は、そうした既存の政治社会・組織を基盤として、その上に組み立てられるべき大きな政治体・政治構造のあり方を模索していったのであるが、そのことは特徴的な政治原理を生み出し、明確化することにもつながった。その一つは、ローカル・デモクラシーと分権的な構造の尊重であり、もう一つは「連邦制の原理」である。

連邦制の原理は、すでに存在していたローカルな権力をもとに、どのようにして中央の権力を作り上げるかという創設の工夫の中から生まれた。そこでは、権力の分立と均衡という観点から、州の権力を減じることなく、連邦の権力を確立していくことが目ざされたとアレントは論じている。

また、連邦制においては、それぞれの州の独自性、アイデンティティも尊重されるのであるが、それは、権力のもととなった社会契約の性質との関連があるという見方を示している。それによって、州と州の間の関係を規定する連邦制の原理にも「水平性」という特性が現れているというわけである。

アレントは、上記のような地方レベル、および連邦レベルにおける相互性にもとづく権力の存在が初期のアメリカ革命を成功に導く要因になったと論じている。

そうしたアメリカ革命の様相も19世紀の展開を通して、やがて薄れていく。

結局は、アレントの言う「革命精神」の喪失に至り、代議制の下での「利益の政治」へと収斂していくのであるが、この変化についてのアレントの説明は省略しておこう。

④ジェファーソンの改革構想への評価

アメリカ革命の衰退の流れに正面から抵抗した唯一人の政治家、トマス・ジェファーソン（第3代大統領。1743〜1826）についての論述からは、アレントのローカル・デモクラシーへの共感が読み取れる。これについては、ジェファーソンの「郡を区に分割せよ。区を人民の自治による基本的共和国にすべきである。」という改革構想への評価を示している個所を引用しておきたい。

「ジェファーソンによれば、『郡を区に分割すること』、つまり、『小共和国』をつくることを要求しているのは、共和政体の原理そのものであった。そして、この『小共和国』によって『国のすべての人びと』は、共通の政府の積極的一員となり、たしかに下位のものではあるが重要な権利と義務の大部分を、完全に自分の権限の範囲内で自ら実行することができるのである。」

「区という基本的共和国、郡共和国、州共和国、そして連邦という共和国は、権威の段階を形成し、それぞれ法の基礎のうえに立ち、それぞれ委任された権力を分有し、統治のための基本的な均衡と抑制のシステムを真に構成する。」

「もし、革命の最終目的が自由であり、自由が姿を現すことのできる公的空間の構成、すなわち自由の構成であるとするなら、すべての人が自由となることのできる唯一の実体的な空間である区という基本的共和国こそ、実際には、このような自由の空間を人々に与え、それを守ることを国内問題の主たる目標としたはずの大共和国の目的でなければならなかった。」

「もしジェファーソンの『基本的共和国』の計画が実行されていたら、それは、フランス革命のときのパリ・コミューンのセクションや人民協会にみられる新しい統治形態のかすかな萌芽をはるかに凌駕していただろう。（中略）ジェファーソンの計画とフランスの革命的協会は、いずれも、十九世紀と二十世紀のあらゆる真正の革命に姿をあらわすことになるソヴィエトやレーテのような評議会を、まったく気味がわるいほど正確に予想させるものであった。」

[3] アレントの評議会制論

（1）「評議会制」に関する論述は、この本の最後の章に含まれているのであるが、その章のタイトルは「革命的伝統とその失われた宝」となっている。「失われた宝」の一つはアメリカ革命の初期のあり方であるが、アレントは、革命の過程で失われ、その後、忘却されてしまったものは他にも多数あるとして、パリ・コミューンに始まる革命の自治機関の系譜を挙げている。名前はコミューン、レーテ、ソヴィエト、評議会と分かれているが、いずれもが革命の中で民衆の自発的な活動の場、政治機関として自然発生的に誕生したという共通性を持っている。アレントは、それらが形成した共通の政体構造に注目して、それを「評議会制」と呼んでいる。そして、この政体に「失われた宝」として独自の評価を与え、今一度よみがえらそうとしたのである。

（2） アレントの評議会制民主主義の思想

①評議会制国家の政治観

国民国家においては、政治が主権の原理にもとづくものであるために、国民の主権を委任された首相（または大統領）と政権与党が選出されるのは、当然のこととされている。その場合、選挙の結果によって正統化された権力は、垂直的な上下関係の最上位に位置するものというイメージでとらえられている。

これに対して、評議会国家は、対等な者同士の連帯と協働という政治観にもとづくものになるため、各段階における全ての権力が水平的に構成されるものとなる。それによって、権力はつねに成員の合意にもとづいて行使されるものになるのである。アレントは、こうした政治機構の基本性格に適合するものとして、国家の形態は連邦制が望ましいと考えた。

②反政党制の性格

自由民主主義政体と20世紀の「社会主義」政体に共通していたのは、政党が大きな役割を担うということであった。『革命について』の中でアレントは、こうした政党制と評議会制度を対抗関係に立つものとして描いている。例えばフランス革命ではコミューンや人民協会が民衆主体の組織として登場したものの、諸党派の作り上げた政治秩序の下で消滅させられていった。ロシア革命では、革命政党が当初の好意的態度から一変して、ソヴィエト等の評議会を軽視し、形骸化させていく方向を取った。アレントによれば、両者は本質的に相容れない性格のものだったのである。近現代史に現れた政治組織である政党は、つねに職業的政治家または職業的革命家が主導し、上下関係の中で指導していくものであった。これに対して、コミューンを始めとする評議会的組織は同等なものたちが対等の資格で向かい合い、政治的な事柄を話し合って決めていくものだった。したがって、両者の組織の性格は、アレントが語っているように、「垂直的」対「水平的」という本質的な違いを持っていたと言える。そのため、過去に現れたどの評議会も政党とは無縁のものであったし、今後つくられるべき評議会も無縁であり続けるだろうということになる。

③民衆の自発的機関から永続的な政体へ

アレントは、これらを評議会的組織に共通に見られた特質としてあげている。評議会は、決まって既存の社会・政治秩序が崩壊する歴史的瞬間に現れた。革命的状況の中で、それまで垂直的な権力体系によって維持されていた社会秩序は、一転して民衆の相互協力によって維持されていくようになるのだが、評議会はそのための機関としても機能していた。その政治的目的は自由な共和国への移行であり、平和の回復・保障でもあった。つねに民衆による、民衆のための政治を目ざす制度だったということである。

さらに、「共和国の基礎を作り……市民の政府を樹立する」という表現からは、アレントが、評議会制が一時的な秩序の機関であることを超えて、永続的な政治機構となる可能性を持つものでもあると見ていたことがわかる。その可能性を現実のものとするのは、自ら市民の政府を樹立することによってであり、それを維持していく営為によってである。評議会制度の永続化を願うのであれば、まずは、評議会による政治権力の樹立をめざさなければならないということになる。

④公的自由と公的幸福の制度

アレントは、政治を単なる成員相互の利害の調整や権力をめぐる争いとは考えなかった。古代ギリシャのポリスで見られたように、対等で自由な市民たちが公共の課題のよりよき解決策を求めて真剣に話し合い、集団的な意思決定を行っていく公的な活動として考えていたのである。そうした活動に制限されることなく参加できることが公的な自由であり、他の市民たちと共に政治共同体の中で充実した生き方ができることが「公的な幸福」ということの意味するものであった。

『革命について』の中でアレントは、ジェファーソンの「区制」構想を支持しつつ、次のように書いている。

「区制の基本的仮定は、公的幸福を共有することなしにはだれも幸福であるとは言えず、公的自由を経験することなしにはだれも自由であるとは言えず、公的権力に参加し、それを共有することなしにはだれも幸福であり、自由であるとは言うことはできない、ということであった。」

つまり、ジェファーソンの構想の目的は、すべての市民に公的自由・公的幸福を与えることによって、アメリカ革命の精神をよみがえらせることであったと見たのである。また、その点に評議会制政体との本質的な類似性を感じていたことがわかる。

⑤下からの民主主義と分権的な構造

評議会は自然発生的なものなので、出発点では各所に分散して発生する。しかしながら、互いに結合して大きな評議会を形成しようとする性質も持っている。これは、評議会というものが政党政治に対抗して、政党によらない新しい秩序を求める志向性を持っているためである。ハンガリー革命の場合はそれが現実化して、全国レベルの評議会を形成するまでに至ったということである。

基礎レベルの評議会が自発的に結合して大きな組織に発展するという形成の過程から見て当然の結果とも言えることであるが、全体は積み上げ式のピラミッド的構造となる。しかし、上から下へと中央の指令によって作られる官僚制的なピラミッド型組織とは異なり、各レベルの評議会は全体の中での自立性を失わない。そのため、全体としても分権的な構造が保たれることになるのである。

この構造は、「公的自由の空間の保障」および「革命精神の維持」に適したものであると言えよう。各評議会において、市民の参加による自由な政治活動が展開されやすくなるからである。

⑥ローカリズムへの共鳴

ローカリズムとは、町や村、都市で言えば地区などの小さなコミュニティにおける市民参加の政治の意義を高く評価する思想である。政治家で言えば、ジェファーソン、思想家で言えば、トクヴィルなどが、その源流となる業績を残している。今日では、代表制民主主義の変容や衰退が明らかになるにともない、再びローカル・デモクラシー、ローカリズムへの関心が高まる傾向にある。

ジェファーソンの「区制構想」は、すでに見たように区＝基本共和国の政治が決定的に重要であることを主張しているから、典型的なローカリズムであると言える。先の引用箇所からも分かるように、アレントはそういう性格を持つジェファーソンの構想を高く評価した。

このことからも、アレントは、政治思想としてのローカリズムを強く支持していたことがうかがえる。その最大の理由は、④で説明した公的自由・公的幸福の実現の場が保障されやすくなることにあったこともわかるのである。

⑦評議員の選出方法

アレントは、この選出方法を自由民主主義の選挙による選出とは本質的に異なるものとして、高く評価している。その理由は、ある評議会の代議員たちが自分たちの同僚の中から信頼でき、能力を評価することのできる人を選ぶことで、公的精神に満ちた市民の中の適当な人材を確実に選べるようになるからである。

この選出システムの出発点となるのは、日常生活の場に密着した基礎評議会であるが、アレントは、ここに「公的精神」に満ちた人たちが集まってくることを期待していた。

「評議会の代議員になる人たちは、公的自由を行使できることに喜びを感じ、社会や世界の状態を憂慮して政治に参加していく人々である。そのような人々はつねに少数であるだろう。その意味で『人民の中から生まれた人民の政治的エリート』と言うべき存在である。」

ここで「エリート」という単語が使われているが、前後の文脈から「公的精神を持ち、優れた政治的能力を持っている人」という意味で使われているのがわかる。自由民主主義のもとでの「エリート」とは意味内容の異なる存在がイメージされているのである。

「人々がともに住み、ともに働いていたところではどこでも生まれた基本的な評議会を考えるならば、彼らは、自らを選択したのであると言いたくなるだろう。つまり、自分自身を組織した人びとは、自ら気を配った人びとであり、自らイニシアティブをとった人びとであった。彼らは、革命が開かれた場に連れだした、人民の政治的エリートであった。次いで評議会の人びとは、このような『基本的共和国』からその上部にある評議会におくる代表を選んだ。そしてこれらの代表者たちはふたたびその同輩者たちによって選択されるのであったが、このばあい彼らは上からも下からも圧力を受けなかった。彼らの資格は、自分と同等の人びとの信任以外に何ものにも依存していなかったからである。（中略）次いで、その上の評議会に選ばれて派遣されると、代表はやはり同輩たちのなかにいた。というのも、このシステムのどのレベルでも代表は特別の信任をえていた人々であったからである。」

この選出方法は、上級の評議会の議員たちが普通選挙では選ばれないことに最大の特色がある。そこでの選挙人は評議会の議員たちであり、候補者も同輩の議員たちである。ともに範囲は狭くなるのであるが、評議員となるのは、いずれも公的精神に満ちた人びとであり、「人民の中の政治エリート」として生活者の感覚と優れた政治的能力という両面を持ち合わせた人びとでもある。それによって、これまでのような普通選挙によるよりも、はるかに良き人選がなされるはずだと、アレントは考えていたのである。

【4】アレント評議会制思想に対する評価

私は、アレントの提唱に共感し、その基本的部分を自らの変革ビジョンに取り入れていきたいと思う。ただし、そのビジョンは平時の政治・行政機構として機能し続けるべき政体の構想なので、歴史に現れた評議会制をそのまま再現することは考えていない。その面からも、形態は大きく変える必要があるが、エッセンスは残るという形の採り入れ方をしていきたいと思うのである。

（1）思想的に支持する理由は、以下の通りである。

①参加民主主義的な性格が強いものであること。

②既存の政治システムと完全に訣別するものであること。

③分権的な政治機構と親和性が高いものであること。

④変革を求める市民勢力のヘゲモニーが確立しやすくなるものであること。

新しい政体ができたとしても、それが民主主義である限りは、いわゆる「政治的なるもの」という言葉で表現される、勢力間の対立の面は変わらない。思想の自由・表現の自由は保障されるべきであるから、それを利用して活動する保守的な勢力の影響力も残ると思う。彼らは過去に戻る方向で政治活動を続けると思うので、よりよき政治・社会に変えていくためには、それに対抗していく必要がある。そのためにも、変革を求める市民勢力が政治的に優位を持った状況が続いていくことが望ましいと考える。評議会制は、こういう状況を作り出し、また持続させていくのに適したものだと思うので、その点でもネクスト・デモクラシーに合ったものだと考える。

⑤現代の政治と社会を根本的に変えていくビジョンであること。

評議会制への移行は、政治の質そのものを変えていくような変化をもたらすと考える。何よりもまず、政治が議員を始めとする一部の人びとの専有物ではなくなることである。それにより、市民にとって政治への参加は選挙の時だけではなくなる。また、政治の流れが政党政治を介するものではなくなるので、決定過程への参加も可能となる。総じて、普通の市民が政治における受動的な存在ではなくなり、民主主義の活性化をもたらすようになる。

同時にコミュニティの再生の起動力にもなるので、現在の大衆社会状況が変わっていくことが期待できる。人々の間の政治に関するコミュニケーションも活発なものに変化するだろう。そのことは、日常生活と政治を隔てる障壁を取り除く意味も持つので、民主主義政治の成り立つ土壌をかえていくことになる。社会に対しても、そのような深い影響力を持つ変革ビジョンであると思う。

⑥「国民国家」＝「主権国家」の廃絶への道を開くものであること

第1部で述べたように、国民国家と主権の概念にはいくつかの本質的な問題点があり、共生の社会と戦争なき世界の実現を妨げるものとなっている。１９７０年のインタビュー記録からも明らかなように、アレントは評議会制という新しい政治形態が、この国家観を変えていく意味をもつものであると考えていた。そこには、政体の変革という実体の面の変化によって、国家観という観念の面の変化を導き出すという方向性が見て取れる。

この点も評価したいと思うところである。

(2) アレントの構想には欠けていたと思う、いくつかの点。
以上のように、アレントの評議会制構想に多くの長所を見出すのであるが、現代の世界が必要とするデモクラシーの仕組みとしては不足している点がいくつかあると思う。以下のようなことである。

①少数民族や移民集団その他が政治的権利を持てるような仕組みの創出。
とくに90年代以降の世界においては無差別テロの原因になるほど、エスニシティ問題が深刻化してきている。

②評議会政治における「新たなエリート」と一般住民との距離拡大を防ぐ仕組みの導入。
アレントの構想では、「公的自由の行使に喜びを感じる少数の人々」が突出していくことが自然な流れとして容認されている。それでは、また別種の二極化が起こってしまうと思うので、それ以外の人々も随時参加できるような仕組みを導入すべきである。

③政治がこれまで以上に深く、かつ倫理的に経済や社会に関与していく仕組みの創出。

現代社会では、グローバル化した資本主義経済がもたらす諸問題が深刻化しており、放置できないまでになっている。また、いろいろな機会に多様性の尊重が唱えられながらも、依然として差別の問題に苦しんでいる人々が多い。これらの面でも政治が果たすべき役割は大きいと考える。したがって、政治の領域と社会の領域を峻別しようとしたアレントの政治思想の一面は批判し、これを克服した変革のビジョンを提示していきたいと思うのである。

[5] 評議会制をビジョンに取り入れる時の注意点

アレントの政体変革論について、もう1つ問題だと思うのは、歴史的にはつねに革命の機関であった評議会制を平時の政治機構として採用するというときに発生せざるをえない質的な変化・差異を十分意識していないと思えることである。つまり、革命の機関である間は、その構成員は全員が政治・社会の変革に意欲的な人たちで占められているが、平時の機関になると、それ以外の人たちも議員として登場してくることが予想されるので、そこには大きな変化がある。しかし、アレントの場合は、両者が地続きのようなイメージで捉えられていると思われるのである。

この問題点をどのように克服すべきか。

私は、評議会制の中にローカル・デモクラシーを採り入れるというよりは、むしろ逆に、ローカル・デモクラシーの原理で組み立てられる全体像の中に評議会制の要素を採り入れるという方針にすることで、この問題を正しく解くことができると考える。この方針で出来上がる全体像は、一見したところ、自由民主主義体制の下でも見られる分権社会のようなものになるかもしれない。しかし、それは外見上のことであり、民衆の自治というアレント的な尺度で見れば、まったく異なるもの――新たな民主政体になるはずである。

この点も含めた構想の基本方針については次章で説明しようと思う。

第2章　新政体の構想のための基本方針

はじめに

前章では、アレントの評議会思想を解説した上で、現代の民主政体ビジョンとしては不足しているいくつかの点を指摘した。ここでは、それらを克服する方法を考える中で見えてきたビジョン構築のための基本方針を示しておきたい。それによって、次章以降の文章展開もつかみやすくなり、政体構想の意図するところも伝わりやすくなると思うからである。

［1］　第1の方針：ローカル・デモクラシーの考えに基づく政体の系列を中軸としたものにすること

前章で、アレントがジェファーソンの構想を高く評価する形でローカル・デモクラシーへの共鳴と支持を表明していたことを述べた。これは、評議会制思想もローカル・デモクラシーも、民衆の自治を重視するという共通の価値観を持っているためである。したがって、評議会制とローカル・

デモクラシーの政体構造を結びつけることは、自然な方向であると言えるのであるが、私は「結合」から更に一歩進めて、「ローカル・デモクラシーの原理で組み立てられる全体構造の中に評議会制の要素を採り入れる」という方針がより適切であると考えるようになった。

その理由は、歴史的な評議会制には革命の機関としての性質、つまり闘う民衆の集合体としての性質があり、そのままでは、有権者全体の意思を反映するものにはなりにくいという欠点があると思うからである。これに対して、ローカル・デモクラシーの各政体は、全住民の意向にもとづく政治を目ざすという姿勢をとるので、政治的決定に「正統性」が得られやすく、その結果として政体の安定性も高まることになるという長所がある。

［2］　第2の方針：評議会制の議員選出方法を多用しつつ、節目、節目のところでは、自由民主主義政体の普通選挙方式も用いること

第1の方針をとる中でも、前章で述べた「アレントの評議会制論を支持する理由」で述べたいくつかの特徴・長所は、自由民主主義政体を乗り越えるために是非とも維持していきたいものである。そのために、評議会制の根幹をなすものとして、その議員選出方法と行政委員会（議会と行政を連結するもの）という2つの仕組みを採り入れることにする。

その一方で、節目、節目のところには普通選挙方式も採用して、政治を全員参加のものにし、その安定性を高めていきたいと思う。

[3]　第3の方針：各種の市民参加の形態と直接民主制の決定方式を採り入れ、全体として参加民主主義的性格の強い政体にすること

前章で指摘したように、政治が「人民の中の政治エリート」を中心とするものになってはならないと考える。なので、ローカルの政治においても、中央の政治においても、市民の直接参加が促進されると同時に、有権者全体の意思が反映されやすくなる仕組みを加えていく。また、有権者の意思の反映のために最も強力な手段となるのは、住民投票などの直接民主制的方法であることに注目して、その活用を図る。つまり、これを単に特別な場合にのみ実施される手段にとどめるのではなく、政治運営のための普通の手段の一つとして位置づけ、活用していくということである。

[4]　第4の方針：全体の構造を分権・自治の原理にもとづくものにすること

ローカル政体の政治を全住民の意向にもとづくものにするためには、全体の構造が分権的なものとなり、各単位に独立性があることが前提条件になる。この視点から、いわゆる道州制に似た「地方制」と、「小さな自治」と称される地区の政体も導入する。それらが分権の原理によって他とつながることにより、全体的に分権社会の様相を深めていくことが期待される。

[5]　第5の方針：よりよい社会・経済を目ざす改革の仕組みを備えた政体にすること

この点は、現代の民主政体には不可欠の条件であると考えている。そして、問題の大きさ、根深

さを考えれば、強い権限を持った機構にしなければならないと考える。社会問題の当事者や労働者の代表も含めた特別の評議会を作ることが思い浮かんでいる。

[6] アレント評議会制の長所とした点

なお、前章であげた「アレントの評議会思想を支持する理由」は、以下の6つである。

①参加民主主義的な性格が強いものであること
②既存の政治システム・政党政治と完全に訣別するものであること。
③分権的な政治機構と親和性が高いものであること。
④変革を求める市民勢力のへゲモニーが確立しやすくなること。
⑤現代の政治と社会を根本的に変えていくビジョンであること。
⑥「国民国家」＝「主権国家」の廃絶への道を開くものであること

上記の基本方針による作業に取り組みつつも、これらの特徴・長所は失われないようにしようと思っている。

第3章　新しい政治観

はじめに

第1部で見てきたように、自由民主主義政体は欧米における国民国家の政体として生まれ、全世界に普及して、その一般的な形態となった。このような成立・普及の経緯から、国民国家が自由民主主義政体形成の枠組みとなっており、そのため、前者が帯びる主権の政治という特徴は、後者の政治の基調にもなっている。このように、国民国家、主権の概念、自由民主主義政体の3つは、切り離しがたいほどに密接な関係にあると言える。

ネクスト・デモクラシーは、これらのいずれとも絶縁することを目ざしている。第1部で見たように重大な欠点を持つ国民国家は廃絶しなければならないし、戦争を必然化する主権の概念は他の政治概念によって置き換えなければならない。そして、何よりも、有権者を観客の立場に変えてしまう自由民主主義政体は、多くの有権者が参加し、決定に影響を与えて、公的自由を実感できる政体へと変えていかねばならない。

この章では、主権の政治に代わる新しい政治観について論じていく。そこで得られる新しい政治の理念は、政体のビジョンを構築する上で、つねに参照すべき基準となるものである。

[1] 政治概念のパラダイム変換

民主政治の基礎となる新しい政治概念を構築するためには、人々が政治という場でどのように向き合うのか、どのような関係を取り結ぶのか、という出発点のところから考えていかねばならない。あるべき民主政治においては、その向き合い方、関係のし方まで変わっていくはずだからである。説明に入る前に、予めこの部分の論理展開の順序を示しておこう。[A]まず、あるべき「公共空間」の話から始める。これは、公的自由の活動を行うコミュニケーションの空間がいかなる質のものであるべきかを論じるものである。[B]次に、「新しい共同性」という概念を説明する。これは、公共空間の基礎として、そもそも住民同士および個人と住民集団の間の関係性がどのような性質のものになるべきかを論じるものである。[C]最後に、新たな政治観の核心となる「公共性の政治」の概念を示す。これは、AおよびBの内容を前提として営まれる政治の質はいかなるものであるべきかを示すものである。そうした関連性があるため、AとBに含まれる理念的内容は、すべてCにも引き継がれる。さらに、その内容の応用による運用原理も付け加わるようになる。ということで、A・B・Cの間には不可分の関係があると言える。

[2] 「公共性」の概念と「公共空間」(A)

新しい政治観とはいかなるものであるべきか。このパラダイム転換を図るためには、まず、個人と政治社会の関係性を考えることから始める必要があると思う。この点について、近代の政治思想においては何らかの「社会契約論」が基礎となり、その上に目ざすべき政体の思想が構築されたことが想起される。それらは、近代の民主主義を基礎づけるものではあったが、国民国家の観念と結合する中で、民主主義のあり方を間違った方向へ導くものともなった。したがって、自由民主主義政体の下での今のような政治の性質を根本的に変えるためには、まったく異なる質の関係性の思想を持つ必要がある。

その方向で考えてみると、あるべき関係性を表すものとして、現代の政治理論における「公共性」という概念が浮かび上がってくる。その文脈での「公共性」は、従来のような「国家の公」に結びつく性質のものではなく、平等な成員同士の間に形成される集団としてのまとまりを基にして、そこに生まれる公的空間の性質を示すものという意味を持っている。例えば、斉藤純一著『公共性』(2000年)では、それを「共同体」と比較・対照する形で次のように説明している。

「まず、指摘できるのは、共同体が閉じた領域をつくるのに対して、公共性は誰もがアクセスしうる空間であるという点である。(中略)オープンであること、閉域を持たないことが公共性の条件である。

第二に、公共性は、共同体のように等質な価値に充たされた空間ではない。共同体は、宗教的価値であれ道徳的・文化的価値であれ、共同体の統合にとって本質的とされる価値を成員が共有することを求める。これに対して、公共性の条件は、人々のいだく価値が互いに異質なものであるということである。公共性は、複数の価値や意見の〈間〉に生成する空間であり、逆にそうした〈間〉が失われるところに公共性は成立しない。

第三に、共同体では、その成員が内面に抱く情念（愛国心・同胞愛・愛社精神等々）が統合のメディアになるとすれば、公共性においては、それは、人々の間にある事柄、人々の間に生起する出来事への関心である。公共性のコミュニケーションは、そうした共通の関心事をめぐって行われる。公共性は、何らかのアイデンティティが制覇する空間ではなく、差異を条件とする言説の空間である。

最後に、アイデンティティ（同一性）の空間ではない公共性は、共同体のように一元的・排他的な帰属を求めない。公共的なものへの献身、公共的なものへの忠誠といった表現は明白な語義矛盾である。（中略）この空間におけるアイデンティティは多義的であり、自己のアイデンティティがただ一つの集合的アイデンティティによって構成され、定義されることはない。」

この意味での「公共性」は、封建的な価値の残存する社会の「共同性」とは明らかに異なるものである。社会を構成する人々の多様性の認め合いと、さまざまな属性、信条、意見を持った各個人の自由の尊重が前提にされているからである。前提になっているこうした価値は、現代社会のさまざまな営みの中で育ってきたものであり、徐々に多くの人々に共有されるようになっていると思う。

さらに考えてみれば、前提にされているのはそれだけではない。近代が促進した万人の平等性の意識や、民主主義のルールの共有も暗黙の了解のもとに前提とされているのである。これらは、国家に関わる領域においては損なわれることも多い理念であるが、市民同士の関係においては規範としての効力を発揮しやすい理念となる。実際にも、市民社会の中の多くの場でこれらの理念の下に公的活動が行われていると言えよう。

同時に前提となっているのは、自発的に参加する市民同士の相互性において形成される関係だということである。こうした自発性の尊重、相互性においての合意形成という価値も、市民社会の営みの中で経験的に見出され、重視されるようになってきていると思われる。「公共性」の公的空間においては、こうした価値も明示的なものとなり、規範として共有されることになる。

以上、いくつかの「前提」を挙げたが、個人の自由・平等性・民主的ルールなどが自明の前提となっているのは、これらがすでに現代社会に生きる人々の多くが共有している価値意識に含まれるものになっているからであると思う。そういう意味で、この「公共性」という概念は、現代によく適合し、有効性を持ちやすいものになっていると考えるのである。

これらの「前提」を意識した上で、あらためて、政治概念の一つとして「公共性」を定義してみれば、以下のようになる。

「公共性とは、ある開かれた集団において、多様な属性、信条、意見を持った諸個人が共通の関心事のために結合し、互いの自由・自主性を尊重しながら、民主的ルールのもとでコミュニケーションをし合うようになるとき、そこに生まれる空間と活動の性質を指すものである。」

こうした意味での「公共性」という概念は、新しい政治観の中心に置くのにふさわしいものであり、ネクスト・デモクラシー政体の基本理念に含めるべきものであると思う。

しかし、私は「個人と政治社会の関係性を考える」という課題に応えるのには、これだけでは十分とは言えないと思っている。というのは、この「公共性」は、社会において形成されるべき「公的コミュニケーション空間」の性質に関するものだからである。それは、コミュニケーションの発生によって始まり、その継続によって維持されるものであるのだが、何故そういうコミュニケーション空間が求められるのか、また、どういう関係性の基盤のもとにそうなるのかは、説明されていない。したがって、もう一つ、個人と集団の関係性はどのようなものであるべきかについての考え方を示していく必要があると思うのである。

[3] 「新しい共同性」に含まれる関係性の質(B)

そこで、「関係性の基盤」に関するものとしては、「新しい共同性」という概念を採用したいと思う。これは、社会学のコミュニティ論の中で言われるようになってきたことであり、社会学者たちの最近の著作や対談の中に出てくるものである。

以下は、船津衛・浅川達人著『現代コミュニティとは何か』(2014年)の2章〈「コミュニティ」の衰退と再生〉の一節である。

「そして、子育てや高齢者の介護という社会的必要性から、下町が見直され、下町の再生や下町文化の活性化の動きが次第に起こりつつある。

＊下町の再生＊

こんにちの下町の再生は、伝統型や近代型の下町の復活や再生ではなく、現代的下町の新たな形成を意味している。マッキーヴァーにしたがえば、『コミュニティ』は『地域性』とともに『共同性』という特性を持つが、『現代コミュニティ』の『共同性』は、村落共同体におけるように、互いを束縛する『共同性』を意味していない。新たに生み出される『共同性』は主体的人間の自由な行為から生み出される『共同性』である。そこにおいては自発的な人々の積極的な活動がベースとなって、自由なネットワークの形成がなされている。（中略）

子育てや高齢者介護に関する人々の行為は上からの命令や規則によるよりも、一人ひとりの意志と責任によるものであり、各自の自主性が尊重されるものとなっている。このような自発的、能動的な支援、共助、協力が『新しい下町』の再生の基本となるべきであろう。

『新しい下町』においては、人々の『コミュニティ活動』へのボランタリーな参加・参画が行われ、利他的精神に基づく協同がなされるようになる。そこでは、『モノ』の『目的合理性』ではなく、『ヒト』と『ヒト』との『コミュニケーション合理性』に基づき、相互の理解と合意による行為の調整がなされ、人々の自由で主体的な『コミュニティづくり』が行われるようになる。」

この中で、共同性の「新しさ」の質を示すために使われている用語は、「自由」「自発的」「自主的」「能動的」「主体的」などであり、それらはすべて、個人の内発的な心の動きにもとづく行為であることを示すために用いられている。趣旨を要約すれば、こうした地域では、束縛が多かった古いコミュニティに代わって、個人の自由が活かされる質の共同性を持ったコミュニティが生まれつつある、ということである。したがって、概念で表現すれば、そこには伝統的な共同体の特徴になっていた「古い共同性」と区別される「新しい共同性」が生まれてきている、ということである。

この「新しい共同性」は、現代におけるコミュニティと個人の望ましい関係性を示すものである。その前提になっているのは、公共性の場合と同様に、個人の自由・平等性・民主的ルールなどの価値が共有されていることである。また、関係性の基盤という視点で見れば、もう一つの前提は、構成メンバーの個人や家族が経済の面では独立した単位になっていることである。経済の基本が資本主義である以上、当然なことなのだが、それでもコミュニティである以上は、集団の関係は何らかの共同性を帯びることになる。社会学者の目から見て、現在はそれが望ましい質のものに変わっていく傾向にあるというのは、希望が持てる話である。

ここに見られる「新しい共同性」という理念は、政治的な言葉に置きかえてみれば、「自由と連帯」という理念に相当するものである。この一組の理念によって、連帯する諸個人が、他者への共感や共通の利害にもとづき、自発的に行動に参加していくことが表現されているからである。集団の関係性の基盤が「新しい共同性」を持つものになり、その上に「公共性」の質を持つ公的空間が形成されるならば、「主権の政治」に代わる「公共性の政治」を確立する条件が整うことになる。こうした関係性の変化は、政体が変わり、その政治のもとで社会のあり方も変わっていく中で、同時進行的に進んでいくと考える。そのことによって、「公共性の政治」の拠って立つ基盤が強化されるという、好循環が期待できると思うのである。

[4]「公共性の政治」という概念(C)

それでは次に、そうした関係性のもとで実現されるべき「公共性の政治」はいかなるものかを説明していこう。理念のレベルで考えた場合、公共性の政治は、以下の特徴を持ったものでなければならない。

①公共性の政治は、「市民の相互性の政治」を実質的に可能にするものであること。それは、参加者全員が対等の立場で向き合う政治であり、権力の委任や集中を生まない政治である。
②国家の存在を前提にしない「公共性」であること。
③公共性の政治には、住民のすべてが参加の権利を持つこと。参加は義務や強制によらず、自発性にのみ基づくものであること。
④公共性の政治は、公開性と記録保存を完全に保障するものであること。
⑤集団としての意思の決定は、単なる数の力や委任された代表者の決断によるものではなく、参加者の討議によって得られた合理的根拠によるものであるべきこと。

⑥公共性の政治は、「新しい共同性」による個人・集団の関係を基盤として営まれるものであること。したがって、そこでは個人の自由、自発性、集団の圧力からの解放という理念が尊重されるべきこと。

⑦公共性の政治は、「新しい共同性」が含む連帯の理念に立ち、貧困やその他のすべての社会問題にも取り組むものであるべきこと。

これらの条件を満たす「公共性の政治」の概念は、次のようにまとめられる。

〈公共性の政治とは、すべての住民が対等の関係において、自由と連帯の理念および民主主義の運用ルールに基づき、個人の自由と多様性を尊重しながら共通の課題に取り組んでいく時に生まれる自治的な政治の質を指すものである。〉

「公共性の政治」の概念にもとづく政治観は、コミュニティの政治だけでなく、地方の政治や中央の政治においても共有され、実現されるべきものである。政治機構の各レベルにおいて「主権の政治」とは異なる、こうした質の政治が行われるならば、そのことがもたらす社会的影響はきわめて大きく、政治全体のいろいろな理念も実現しやすくなるはずである。同時に、第1部で見たような重大な問題点を持つ国民国家の観念および実体の廃絶の可能性も高まっていくに違いない。

第4章　ローカル・デモクラシーとの結合

はじめに

政体の構想を形作る上で、評議会制の思想とともにもう一つの柱となるべきものは、新たなコミュニティを基礎とするローカル・デモクラシーの思想である。

1つの例として、1章で紹介したジェファーソンの区制構想を思い浮かべていただきたい。そこには、あるべき民主主義の基盤として、ローカルな単位での民主政治の確立が不可欠だという考え方が見られた。これと共通の考え方を含んでいるものが、ローカル・デモクラシーと呼ばれる思想である。

この考え方をネクスト・デモクラシー政体の思想にも採りいれたいと思う。政治の全体を「公共性の政治」に近づけ、すべての住民にとって参加しやすく、理解しやすいものにしていくのに大いに役立つと思うからである。また、評議会制のシステムと結合しやすい性質を持っていることも、採用すべき理由の1つとなる。

この政体を構想するにあたって評議会制と結合すべきローカル・デモクラシーは、公共性の政治の理念に基づいたものであると同時に、リアルな現代の状況、条件をふまえたものでなければならない。ここでは、現代日本の状況にもとづいて、あるべきローカル・デモクラシーの諸制度を考えていきたいと思う。

1節　結合すべきローカル・デモクラシーの基本コンセプト

この部分の思想と構想を形作るための主な基本コンセプトになる考え方をいくつか明示しておきたい。2節以降の内容は、それらの基本コンセプトに沿って考えたものである。

①ローカル・デモクラシーの政体は、現代日本に見られる「コミュニティの再生」傾向と結びつけて構想されるべきである。特に、コミュニティが再生されていく場合に「新しい共同性」の萌芽が見られるという所見があるので、この変化を促進する作用を持つような諸制度を考えていくべきである。

②「新しい共同性」に見られる、参加する個人の自発性・主体性という特徴に注目すべきである。そこには、自由と共同性のバランスのとれた融合が見られ、公共性の政治の実現の基盤になることが期待できる。

③しかし、一方では現代社会の中での「個人化」の傾向も強いので、政体の仕組みを考えるにあたっては、公的自由の行使に消極的な人々の存在も考慮に入れなければならない。この点は大事だと思うので、常に意識していくことにする。

④地方自治の分権化改革の文脈で、「小さな自治」あるいは「近隣自治」という表現が使われるようになっている。この考え方は、行政区分をさらに細分化し、その各部分を決定権を持った自治的な組織にするというものである。これは、ジェファーソンの区制構想と同様に、現代でもローカル・デモクラシーの強化のために役立つものであると思う。コミュニティの再生にもつながると思うので、ぜひ採用すべきである。

⑤総じて、ローカル・デモクラシーで採用可能ないろいろな仕組みは、評議会制単独の場合よりも参加する人々の層を拡大していく効果を持つと考える。入り口が増えることによって、多様な人々が参加し始めることは、民主政治の質を向上させることにつながる。

⑥すべての人が何らかの形で参加できるようにきめ細かに配慮すべきである。参加のために費やす時間や労力をコストと捉えた場合に、低コストのものから高コストのものまでが揃っていて、自由に選べるように心がけるべきである。

⑦ネクスト・デモクラシーの政治は、日本人だけのものであってはならず、地域内に住む全住民のものでなければならない。ここから、外国人住民にどのように参加してもらうべきかという問題が生まれる。そのためには、参加の権利が保障されるだけでは足りず、参加しやすい仕組

みやサポートのし方、代替的な意思伝達手段の採用などのきめ細かい工夫が必要となる。以上の視点に立ち、まず、コミュニティに関する考察から始めることにする。

2節　地域コミュニティの新たな関係性

20世紀の後半には、日本においても欧米においても地域コミュニティが衰退していく傾向がみられた。その背景には、都市化と個人化が進む大きな流れの中で、古い生活様式に根ざしていたコミュニティの必要性が薄れていくという共通の原因があった。しかし、90年代から今日までの社会変化の中で、新たに地域的な繋がりが求められるようになり、コミュニティ再生の兆しが見られるようになってきた。さらに、そうした現象が起きた時に、そこに現れる共同性の質は古い共同体のそれとは異なってきていることが社会学分野の研究で報告されている。

現代の社会において、どうしてその兆しが見られるようになったのだろうか。都市社会学者の船津衛は、共著『現代コミュニティとは何か』(2014年)の中で次のように述べている。

「こんにち、都市においては『専門処理』システムがその能力の限界を越えてきていることから、『相互扶助』的ないし『共助』的システムの機能が見直されてきている。ここから、『下町』の必要性は『専門処理』システムのサブ・システムとして機能することになる。現在、子育てや介護などは、個人や家族の手に負えなくなってきており、家族の機能の脆弱化と負担増からいっても、むしろ、それらは共同でやったほうがいいというようになってきている。

そこに、教育・福祉・防犯・防災などの『相互扶助』が行われるコミュニティの必要性が生じてきている。そして、助け合いの精神を持つ下町文化が改めて評価されるようになってきている。

これまでの伝統的な下町の『共同性』は、権力など経済外的強制によって維持されたものであり、また、近代的な下町の『共同性』は、貧困などの経済的依存関係が必要という経済的強制によって維持されたものであって、義理・人情などの下町文化は、必要性に迫られた『共同性』でもあった。これに対して、現代的下町の『共同性』はこのような強制から解放され、人々の自由な選択に基づく『共同性』となる。（中略）このような自発的、能動的な支援、共助、協力が下町再生の基本となるべきであろう。」

現代社会におけるコミュニティ再生の傾向は、人々の生活と社会の変化によって生じる切実なニーズに基づくと同時に、人々が横につながるという関係性の変化にも基づくものであることがわかる。そこでは、コミュニティ住民同士の自発的な相互扶助が見られ、自然に生まれる新たな共同性は個人の自由と両立するものであることが読み取れる。この記述は東京下町についてのものであるが、まちづくりの分野に目を向けると、全国各地において同様な質を持つ関係性が生まれてきた事例が見られる。大都会・地方都市・農山村、それぞれに人々の置かれた環境・状況は異なるものの、コミュニティの衰退傾向が反転して再生傾向に向かう流れが生じているのである。

したがって、来るべき共生社会における望ましいコミュニティのあり方は、こうした変化の延長線上に構想すべきであると考える。新しいコミュニティが持つことが期待される特質として、以下のようなことがあげられる。

（1） 新住民と旧住民の関係、アイデンティティの多様化にもとづく関係性のあり方

都市コミュニティの特徴の一つである流動性は、多くのコミュニティにおいて古くからの住民と新住民が混在するという状況をもたらしてきた。グローバル化の進行に伴い、新住民の中に相当割合の外国人が含まれるという場合も増えている。現代のコミュニティの再生は、こうした多様性を前提として相互理解を深めつつ、その理解のもとに進められていくべきである。

コミュニティ内部の多様性は、属性の面だけでなく、価値観の面からも発生する。異文化はもちろんのこと、日本人同士でも世代間の違いや政治的立場の違いがもたらす価値観の違いは大きなものがある。また、そうした集団毎ではくくれないような、個人同士の価値観の違いも増えてきている。したがって、現代のコミュニティは、多数の互いに異質な個人の集合体ととらえた上で、関係性を考えていくべきである。

現代の社会を見ると、個人化の傾向とともに、小グループ毎への分散化の傾向も強まっている。そのため、異質な者同士がふれ合い、コミュニケーションを交わす機会は少なくなっている。新たなコミュニティにおけるつながりをもとにこうした傾向を変えていくことも、公共性の政治をスムーズに行っていく基盤づくりのためには必要となってきているのである。

（2） 公共空間としてのコミュニティ

分権化を徹底して進めるローカル・デモクラシーの思想にもとづき、コミュニティのレベルを民主政治の起点にすべきだと考える。そこでは、公共性の理念に基づく民主的な政治が行われるべきである。社会の基盤の部分でそのような政治が行われることは、社会全体とその中で暮らす人びとの意識を民主的なものにするためにも大きな意義を持つ。コミュニケーションの活性化とともに、人々の間の関係性を変えていく作用も期待されるのである。したがって、政体の構想においても、こうしたコミュニティの政治を可能にする仕組みを考えていきたいと思う。

（3） 閉鎖性・開放性に関する変化

古い共同体に見られた特徴の一つは、外部に対する閉鎖性ということであった。成員が固定されているために、内と外との境界が明確であり、帰属意識も自然に強くなっていた。これに対して、現代の地域コミュニティは、流動性、多様性を特徴とするために、この点でも質的変化を見せるようになる。

さらに、時代の流れとともにコミュニティ再生が必要になってくる状況の下では、意識的にも開放性が是とされ、心がけられるようになっていく。まちづくりを始めとして、現代の地域社会が抱える諸課題はコミュニティの内部だけでは解決しきれないものだからである。災害復興を始めとして、その地域に関心を寄せるボランティアや専門家との連携が役に立った事例も増えており、一般的にも外部とのつながりの重要性が増してきていると言える。

こうしたことから、新しい共同性の理念には、外部からの人たちを積極的に受け入れていくと同時に、外部とのつながりを重視し、連帯を求めていくという意味での開放性の理念も含まれるべきであると考える。それは、自由を認め合う共同性という理念とも適合するものであり、来るべき社会を基礎において支えるものになりうると思うのである。

（4） 生活者としての意識に支えられた共同性

もう一つの大事な点は、新しい共同性は地域に住まう生活者としての意識に支えられたものになるということである。新住民も旧住民も混在し、流動性も高い中では、唯一の共通点は同じ地域に住まう生活者であることになる。また、コミュニティ再生のきっかけとなる諸課題も生活の面にかかわるものであることが多い。そのため、新たなコミュニティの中では人々は互いに生活者として向かい合い、共感しあうようになる。それは同時に、生活者として横につながる中で、平等な関係の意識を強める効果も持つはずである。

こうしたことはいずれも、共同性の質を変える働きを持つことになると考える。また、望ましい変化なので、理念の中に取り入れていくべきであると思う。

したがって、新しい共同性は生活者同士の水平的な関係における結合という性質のものになるべきである。旧住民と新住民の間にも、エスニックな多数派と少数派との間にも、さまざまな属性の住民同士の間にも、この理念が実現された関係が築かれることが望ましい。それによって初めて、より良いコミュニティにしていくための基盤ができていくと思うのである。

（5） 個人の自由と公共活動の充実との両立

新たな共同性の理念には、「個人の自由の尊重」も最重要なものの一つとして含まれる。ただし、他の理念に抵触するような自由の行使は禁止されなければならない。例えば、人種差別の言動は全面的に禁止され、厳しい処罰の対象とすべきである。各種の法律・ルール・マナーに反する行為も同様に禁止されるべきであるが、これらに反しない自由の行使は逆に保護される。日本のように同調圧力がかかりやすい社会においては、この点の確認も重要な意味を持つと考える。

そこで、もう一つの論点となるのは、コミュニティの中で取り組まれる公共活動への参加に関しての、個人の自由の問題である。つまり、参加したくない個人がいた場合はどうするか、同調圧力は良くないという視点に立って、不参加の自由を認めるべきかどうかという問いである。これについては、ミニマムの参加を義務とする一方、それ以外のことは全て個人の自由意思に任せるのが望ましいと考える。それによって、公共の活動は自発性で動くモティベーションの高い人たちが中心になって活気のある雰囲気で取り組まれるようになると同時に、さまざまなレベルで協力的な行動をとる人々にも支えられるようになる。一方で、できるだけ仕事などに専念していたい人たちも、後ろめたさを感じることなく生活していけるようになる。各人各様の参加のし方が認められ、無言の圧力などが生じないようになれば、それが最良の状態であると思う。

そのようなゆるやかな共同性こそが、現代人に適したものであり、多様性の理念にふさわしいものだと思うのである。

3節　地区レベルの政体について

[1]ローカルからの出発

ローカル・デモクラシーの理念の1つは「ローカルからの出発」ということである。その意味するところは、生活空間となるコミュニティの政治が重要な意味を持つものと見なされるべきであり、それだけでは足りないところをより広域の政治・地方の政治・全国の政治で順次補完していく考え方で政体と行政機構が組み立てられるべきだということである。これは「サブシディアリティ＝補完性の原理」と表現されるものであるが、ネクスト・デモクラシーもこの考え方に立っている。

このため、1つは市コミュニティをいくつかに分けた「地区コミュニティ」を政治・行政の最小の単位とし、地区の政治をローカル・デモクラシーの起点と位置づける。2つ目に市コミュニティの政治・行政を市民の生活の全側面に関わるものとして、最重要なものと考える。ジェファーソンの区政構想の「○○共和国」という表現を借りれば、「市共和国」ということになる。

以下では、まず、地区コミュニティの政治のあり方について述べ、次章において、市コミュニティの政治における政体の仕組みと直接民主主義的制度の活用について論じていく。

[2]スウェーデン「地区委員会」の経験から学ぶもの

地区コミュニティとは、市コミュニティをいくつかに分けたものであるが、最小の行政単位としてふさわしい分け方をすべきなので、人口規模などは一定にはならない。日本の場合、中学校区ぐらいの規模が適当と思われる。これは、近隣コミュニティの政治の場になるべきものであり、わが町という実感も持ちやすい空間である。

地方自治改革という文脈においてではあるが、自由民主主義の先進諸国では、80年代以降、地区コミュニティへの分権化改革の動きが始まった。なので、自由民主主義政体・政党政治という前提条件の下で、それがもたらした変化や限界性もつかめるようになっている。分かりやすい例として以下ではスウェーデンの場合を取り上げ、考察を加えていきたいと思う。

(1)　スウェーデンの「地区委員会」制度

川崎市の職員である伊藤和良は、著書『スウェーデンの分権社会』(2000年)において、実際に見聞したスウェーデンの地方自治の特徴を次のように伝えている。

「北欧の自治体は、まちづくり、福祉、教育など市民生活にかかわるすべての権限、そしてそれに必要な財源を有し、市民の声やニーズに依拠した『地方政府』である。行政権限は市民の信託に基づくものであり、自治体における市民参画や情報公開は議論の余地のない所与の条件となっている。」

スウェーデンでは、80年代後半から市政府の下に「地区委員会」という組織を作り、その事務局を通して各地区の行政を行うという分権化改革が行われるようになった。中心となる「地区委員」は、選挙によってではなく、市議会における選任という形で選ばれる。市議会自体も政党政治の場になっているため、地区委員は「政治家」というイメージで捉えられている。分権化によって行政の権限が大幅に委譲されるため、地区毎に多くの職員による事務局が作られる。ここに配属された職員たちは意欲的にこの仕事に取り組んでいるようである。

「1987年、ヨーテボリ市議会は市域を21の地域に区分し、21の地区委員会に福祉、教育、文化など市民に直接影響を与える権限を委譲することに決定した。(中略)いま、21の地区委員会は各地域ごとの社会的な問題を取り上げ、市民ニーズに基づいた地域運営を積極的に進めている。1995年度の決算資料によれば、市税収入の54%が地区委員会に交付されており、保育園、基礎学校、高齢者福祉、障害者福祉、生活保護、文化・レジャーに関する決定と運営の権限が地区委員会にある。」

こうした地区委員会制度の目的は、「①市民参加の拡大による民主主義の活性化、②市民の自己決定権の拡充(地域での問題解決)、③地区全体の包括的な視野による施策決定、④効率よく質の高いサービスの提供」となっていた。

(2) 実施後の評価

各都市では、地区委員会制の導入によってどのような成果が得られたのか。政治経験もある地方自治研究者アグネ・グスタフソンの著書には、評価のために行われた市民意識調査の結果について以下の記述がある。

「最も徹底的な評価はヨーテボリ市で行われた。その調査の示していることは、市民の影響力を増大させるという民主主義への効果に関しては、改革はなんらの深い痕跡を残していないということである。改革はこれまでのところ、住民のあいだではあまり知られておらず、人気もない。しかし、政治的代表者(註:地区委員たち)はその影響力を増加させた。地区の政治家は地域的なアイデンティティを増し、特定政策領域に関わる政治家であるよりも全体的な視野を持つ政治家になってきた。(中略)地区委員会による民主主義の改善という、包括的な目標が達成されなかったこと、そして市民がこの改革を通じて影響力の増大を実感していないこと、これらのことは区域住民が自分たちの代表(註:地区委員たち)を自ら選ぶことができないことと関係があるかもしれない。ヨーテボリの地区委員会はまた、一般市民に公開されていないし、その委員数もかなり少なかった。」(アグネ・グスタフソン『スウェーデンの地方自治』2000年)

14の市の市民意識調査の内容も紹介されているが、主な点は同様な結果になっている。これらの記述からわかるのは、地区委員会制の導入によって、市内各地域の実情に合わせた行政施策が行われるようになったという成果が見られたものの、もう1つの主要目的である市民と政治の距離の縮小=市民参加の民主政治の実現という面では成果が無かったということである。伊藤の著作から伝わってくるのは生き生きとして活動している事務局の職員たちの姿であり、グスタフソンの著作からは与党の影響力の増大と議員たちの力量の向上という変化が強く印象付けられる。

［3］どのような地区委員会制にすべきか

スウェーデンの事例から学ぶべき教訓は次のようなことである。あるべきローカル・デモクラシーにおいて地区委員会制を採用する場合には、次の数点の修正が必要となる。

①地区委員は、住民による直接選挙で選ばれるようにすること。

②地区委員会の定例会議は、公開にして住民が自由に傍聴できるようにすること。

③地区の事業計画を決めるにあたっては、何らかの直接民主制の方法で住民全体の意思を把握しつつ決めるようにすること。

④日常的にも、住民と地区委員たちのコミュニケーションがより頻繁に行われるようにすること。

⑤地区間の調整や連携は、地区代表者会議と市評議会の協働で行われるようにすること。決定の方法、プロセスはトップダウン型からボトムアップ型に転換すべきである。

もう1つ、日本での各種事例からコミュニティの政治の活性化のためにも有効であると思うのは、［⑥住民が主体となる「まちづくり」に取り組んでいくこと］である。どの地区にも、こういう取り組みに積極的な人たちがいるはずだから、最初の呼びかけを地区委員会が行い、その後の展開は自発的に参加する住民たちに任せるという形にする。その場合、地区委員会はそこで決まったプランの実現のために必要な支援を行うとともに、地区代表者会議や市評議会において予算配分などの調整を行う、という役割を持つことになる。

自治組織として地区委員会が決定・運営の権限を持つ領域は、どの分野・範囲にすべきだろうか。都市部においては、以下の6つが適切であると思う。農山村部においては、この他に、(7)産業分野：農林業(または水産業)の支援が加わる。

(1)教育分野：保育園・小学校・中学校　(2)福祉分野：高齢者・障がい者・低所得者　(3)文化分野：図書館・文化活動・スポーツ　(4)保健分野：感染症関連・在宅医療支援　(5)防災分野：避難訓練・各種防災点検など　(6)まちづくり分野：まちづくりの支援

第5章　市の政体と参加民主主義

1節　市レベルの政体について

［1］市評議会の位置づけと性格

市評議会は、市コミュニティの政治の中心機関であると同時に、地方評議会、中央評議会へとつながる評議会制選挙システムの起点をなすものである。その意味で、ネクスト・デモクラシーにおいて重要な位置を占める機関であると言える。

すでに述べたように、この政体構想の軸となる評議会は、革命の機関ではなく、平時の機関として構想される。その性格を決める上で大きな要因となるのは、評議員の選出方法であるが、市評議会の場合は普通選挙が最も望ましいと考える。理由は、そのほうが民主政治としての正統性が得られやすいことと、多くの住民の政治への関心や判断力も高めやすくなることである。ただし今と同様の選挙によって議会の質を同じようなものにしてしまわないためには、選挙のプロセス・方法および評議員と有権者のつながりを大きく変える必要があると考える。なので、以下では特にそれらの点について詳しく論じていく。

その前に、市評議会と同じ位置づけを持つものとして、区評議会と郡評議会があることに触れておこう。人口が百万人を超えるような大都市においては、それを分割した行政区分である区を「市」と同様に扱い、区評議会をおくべきである。一方、農村部圏においては、郡を「市」と同列の単位として扱い、郡評議会をおくのが機能的であると考える。その場合、郡に含まれていた町や村は都市部における「地区」と同様の位置づけとなり、自治の単位・行政の単位として残ることになる。

〔2〕 市評議員の選出方法

市(区・郡)評議員の選出方法は、どのようなものであるべきか。

地区委員会と市評議会を評議会制の選抜システムでつなぐという選択肢も考えられるのだが、現代の社会で市の政体が担うべき広範な機能を考えると良策とは思われない。これに適した人材を集めるためにも、普通選挙制にすべきだと考える。

多様な属性の人たちに市の評議員になってもらうためには、非常勤という勤務形態が望ましいと思われる。職業としての仕事を続けながら、あるいは、学業や主婦業を続けながらでも評議員として活動できることになるからである。

普通選挙制を採る場合の1つの欠点は、評議会制の特色となっていたある長所が失われてしまうことである。つまり、革命機関としての評議会の場合の長所は、職場などを単位として評議員が選ばれていくため、選ぶ者と選ばれる者の間に信頼関係が成り立ちやすいところにあった。しかし、平時の機関として、数十万の有権者による普通選挙で選ぶ場合、そうした関係は望めない。

この欠点を補うことと、地方・中央の評議会の議員を選ぶ「選挙人」としても意にかなう人を選ぶのに適切なものにするということを目ざして、普通選挙の実施方法に工夫を加えるべきだと考える。

この2つの目的のためには、候補者に関する十分なデータと人物像の見極めとにもとづいて選んだという実感が持てる実施方法にすべきである。また、選挙人選びという側面を考えれば、候補者のデータの中には市政のレベルを超えた政治全般への考え方も含めるべきである。そのデータは、詳しいアンケート調査の実施によって作られる。

詳しいデータの伝達という面から言えば、インターネットを利用した方法も開発すべきであると思う。例えば、2022年の参院選では、新聞社などによるボートマッチ（Vote Match）というサイトが誕生した。これは、多くの論点について、自分の考えに合った選択肢を入力すると、マッチングの仕組みにより、選挙で投票すべき政党がわかるというものである。仕組みはどのようなものでもいいが、データにもとづいて自分の政治的立場と最も近い候補者が探せるような専用サイトは是非とも必要であると思う。

人物像や能力を含めて候補者を見るためには、公開討論会の視聴も役に立つはずである。それを会場で聞くこともできるし、リモートでも視聴できるようにする。さらに、候補者紹介のホームページを作り、各候補者について詳しく知ることができたら、それも人物像把握の有効な資料になるだろう。

[3] 政党政治からの脱却

3章3節ですでに記したように、スウェーデン地方自治の分権改革は、当初の目標に反して、市民と政治の距離を縮める成果はもたらさなかった。その主な要因の一つは、最も小規模なコミュニティの政治に至るまで政党政治のスタイルで行われていることにあった。一般市民たちは、市議会の議員である地区委員たちを自分たちの代表者として見るのではなく、A党・B党・C党の政治家として、自分たちとは基本的に違う存在として見ていた。

このようなイメージ、距離感が生じてしまうのは、政治の営みが政党を中心としたものであり、地方政治・コミュニティ政治においてさえ、そのスタイルを変えなかったためであると思われる。そこには、自由民主主義政体の本質的な限界性が表れている。

こうした事例から見ても、ネクスト・デモクラシーにおいては、政党政治からの脱却を目ざすべきである。ローカル・デモクラシーのレベルでは、それは十分に可能であり、評議会制を用いていけば、全国レベルの政治においても「脱・政党政治」化が可能になると考える。

政党政治からの脱却は、選挙のあり方も大きく変えることになる。その具体的方法はすでに述べたところであるが、これを通じても、評議員各個人の活動に対する関心が高まっていくことになるだろう。市レベルの政治と行政においては、日常的にもネットのサイトなどを通じて各評議員の活動や発言が有権者に伝わりやすい体制にしていくことが望まれる。

2節　市レベルの政体の諸側面

[1]　直接民主主義的な制度の活用

直接民主主義的な決定方法には、住民投票やタウン・ミーティングのように長い歴史があるものと、90年代以降に開発された新たな諸手法との2種類がある。新たな手法というのは、熟議デモクラシー(熟議は「討議」と訳される場合もある)の潮流の中で考案され、実践されてきたものであり、参加民主主義の実現という文脈からも評価されるべきものが含まれている。政治学者の篠原一は、『市民の政治学』(2012年)の中で以下のように書いている。

「しかし、さらに、1990年前後から、参加だけでなく、討議の重要性が再認識され、とくに政治の世界の討議だけでなく、市民社会の討議に裏づけられない限り、デモクラシーの安定と発展はないと考えられるようになった。これが討議デモクラシーである。こうして、代議制デモクラシーに加えて、参加と討議を重要視するもう一つのデモクラシーの回路があらわれ、いまやツー・トラック(二回路)制のデモクラシー論の時代となりつつある。」

熟議デモクラシーの二回路論には賛成であり、ビジョンの中に積極的に取り入れていきたいと思っている。開発された諸種の方法の中では、特に「討議の結果と政策決定を直接結びつける」ことができる種類の手法に関心を持った。それらは、直接民主主義としての性格が強いものだからである。

ということで、熟議デモクラシーの新手法の中からは「21世紀タウン・ミーティング」、従来の手法の中からは住民投票を選んだ。住民投票の実施の方法や制度については現代の状況をふまえた新たな工夫も必要であると考える。具体的に説明してみよう。

（1）　電子システム利用によるタウン・ミーティング

1995年に創設されたアメリカスピークスというNPO団体は「21世紀タウン・ミーティング」という手法を開発し、90年代後半から今日まで、アメリカ各地で各種のプロジェクトに取り組んできた。この手法の特徴と、実施方法は次のようにまとめられている。

「21世紀タウン・ミーティングの特徴の一つは、数千人単位の人々が一堂に会して討議を繰り広げることができるということである。その仕組みを概観すると以下のようになる。

タウン・ミーティングへの参加の募集は、チラシやインターネット、さらには、関連する市民団体などからの呼びかけを通じて行われる。

参加希望者は全員指定された会場に集まるが、会場には一面机が配置されており、一つの机には約10人程度が自由に座ることになる。同じ机には、参加者のほかにこのタウン・ミーティングの進行役としてトレーニングを受けたファシリテーターが加わる。討議の進行はこのファシリテーターを介して進められていくが、ファシリテーターは同時にそのテーブルで討議され共有化された意見をパソコンに入力し、討議全体を管理するコントロールルームのスタッフに送信するのである。送信してから数分後には、会場の前面に配置されたスクリーンに各テーブルで交わされた意見がどのようなものであったのかが映し出され、参加者はそれを見ることにより、会場全体で共有化することができるというしかけである。こうして、『私』自身の意見が『私たち』の意見に転換するプロセスが進められていくことになる。

そして、参加者全体で何らかの決定をしなければならない時は、いくつかの選択肢が前面のスクリーンを通じて提示され、参加者は各自に配られているキーパッドを通じて自らの意見表明をすることができる。その集計結果は瞬時にして会場のスクリーンに表示され、その結果が共有されるのである。」(『討議デモクラシーの挑戦』)

いくつかの実施例が報告されているが、98年と99年に行われた「アメリカの社会保障を議論する」には、全国で4万3千人を超える人々が参加したという。そして、この議論の結果は連邦議会の改革検討条項の中へ盛り込まれることになった。二回路制が現実のものとなったわけである。このようなテーマ型のタウン・ミーティングは、多大なコストと労力がかかるのが難点ではあるが、得られるものも多いので、ぜひ実施すべきだと考える。

一方、総会型のタウン・ミーティングのほうは、地区政体の近隣デモクラシーに適していると思われる。それが実施されるならば、議案の決定に参加できたという実感が生じるとともに、リアルな公共空間において委員会および事務局のメンバー、初対面の近隣住民たちとの出会いの場にもなるので、近隣デモクラシーの確立に資するものともなる。年に1回でも住民総会が開かれ、予算案・方針案などの討議と決定が行われれば、多くの住民にとって近隣自治がより身近なものになっていくだろう。

（2）　決定のための住民投票

直接民主主義の比重を高める上で、住民投票もまた重要な意味を持っている。この点から見て、投票の結果がそのまま正式決定となる住民投票と、諮問への回答としての意味を持つだけの住民投票との差は大きい。アグネ・グスタフソンの前記の著書には、1977年に導入された地方自治体レベルの住民投票制度について次のように書かれており、その結果が正式決定を意味するものではないことがわかる。

「地方自治体の住民投票は諮問的なものに限られており、コミューン議会（註：市議会にあたる）およびランスティング（註：「地方」にあたる）の議会のそれぞれは、投票結果に拘束されず、問題についての取り扱いの自由を有している。」

直接民主主義的な面の強化のためには、こうした諮問型にとどまらず、最終的な決定権のある住民投票の制度を導入していくべきである。

ある案件で住民投票を行う場合には、先行して、同じテーマを議題とするタウン・ミーティングを行うのが望ましい。そこでの討論を聞くことによって、有権者が態度を決めやすくなるし、投票率も上がることが期待されるからである。

こうした直接民主主義的な面の強化を進めるにあたっては、基本的にコミュニティにおける政治的決定は議員たちと住民たちが共に関与する中で行われていくべきだという考え方に転換することが求められる。それによって初めて、代議制民主主義的発想からの脱却が確かなものになると思うのである。

[2] 一般市民と政治の距離を縮める

自由民主主義政体の下では、国政はもとより、地方政治においてさえも、政治が一般市民にとっては縁遠いものに感じられるものになっている。分権化が日本よりはるかに進んでいる北欧の国々においても、この問題は未解決のままなのである。

ネクスト・デモクラシーにおいても、この点については楽観的な見方はすべきではないと考える。なので、市政への直接民主主義的な手法の導入以外の、他の諸側面においても政治との距離縮小の努力がなされるべきだと思う。

例えば、次のようなことである。

第1に、市民主導・市民参加のまちづくりを始め、続けていくこと。
第2に、議会と住民の距離を縮めること。
第3に、行政機関と住民の間の距離を縮めること。
第4に、司法諸機関と住民の間の距離を縮めること。
第5に、NPOや市民運動組織と市政府の間の距離を縮めること。
第6に、議員、事務局員、一般住民が参加する市政討論会を行うこと。
これらの実現のための具体的方策については、第3部1章で述べることにする。

[3] 議会と行政の関係を変える

ネクスト・デモクラシーにおいては、各政府は、議会の執行部として評議会の議員の中から選ばれることになる。議会の執行部というのは、議会で決まったことを実行に移す機関という意味である。その位置づけから、政治・行政において議会の意思が強く働きやすい関係になる。

市政府は、市評議会によって執行委員会として選ばれる。執行委員長と副委員長は執行委員の互選で選ばれるが、緊急対応の場合などを除いては、特別の権限を持たない。他の委員と対等の関係にあるということである。

市政府は、徹底した地方分権的体制の下で、市民生活のすべての面に関する行政活動を行い、政治的責任を持つ。また、地方政府とも連携しつつ、各種の行政活動を行っていく。

市政府には行政部門ごとにそれを統括する行政委員会を置く。各委員会のメンバーは、半数が市評議員の中から選ばれる。半数は、その部門に精通した公務員が選ばれる。両者が多様な論点について話し合い、意思統一を図る形で議会と行政機関の連携が確立され、それを通じて民主政治の実現が期待されるわけである。

［4］すべての住民を有権者にする

日本においては、国政はもとより、地方政治においてさえ、外国人参政権が認められてこなかった。戦前・戦後を通じて日本に定住し、社会の一員となっている在日の人々であっても、日本国籍を取得しない限りは、選挙権を与えられなかったのである。こうした排除の体制は差別的なものであり、域内に住む多民族の共生の実現を妨げるものである。

ネクスト・デモクラシーにおいては、在日はもちろんのこと、すべての外国人が有権者として認められるべきである。唯一の条件は住民登録をおこなうことであるが、これは日本人の場合と変わらない。税金の賦課と徴収が外国人に対しても行われると同時に、社会保障・福祉関連の給付の面でも同等の取り扱いとなる。外国人住民も、コミュニティの構成員として、政治共同体の一員として、法的にも社会的にも同等の存在となるのである。

しかし、外国人問題と民族的マイノリティ問題の根深さを思うとき、参政権の承認だけでは、真の共生社会の実現に至らないことは明らかである。これは、女性差別問題と同様に「構造的差別」

として捉えるべきだと思うので、その認識に基づく根本的な解決の展望と、それに役立つ政体の仕組みについては、章を改めて論じることにする。

ここでは、とりあえず、有効な方策の1つとして「外国人市民会議」という制度を紹介しておきたい。「外国人市民会議」は神奈川県川崎市で1996年に始まったものであり、市内に住む各国人の代表者たちを集めて行われた。目的は、市内に暮らす外国人の声を市政に反映すること、それによって多文化共生のまちをつくることであった。この取り組みはその後、各地の自治体でも行われるようになり、徐々に広がりを見せている。

この方式で一つ気になるのは、代表者たちによる会議で十分なのかという点である。これは、多数者の平均的なニーズを把握して、施策に反映するという目的に関しては適切な形態であると思う。しかし、その集団に含まれる幾種類もの少数者の声は聞かれず、見逃されてしまうのではないか、と思うのである。なので、それとは別に、誰もが参加できるタウン・ミーティング方式の外国人住民会議も行うべきだと考える。これならば、少数者の声も聞けるし、個人の切実な訴えも皆の知るところとなるだろう。そこで話し合われ、まとまったことは市の政治と行政に反映され、生かされていくべきであると考える。

参政権の実現や外国人市民会議は、現状の諸側面を改善していくことに役立つと思うのであるが、外国人問題を生みだす日本社会のありようを根本的に変えていくことを目ざしたものにはならないと考える。そのためにはどうしたらいいのかについては、現代社会における構造的差別の認識とともに、次の第6章において論じようと思う。

[5] 女性の参加によって政治を変え、社会を変える

エスニシティ差別と同様に、ジェンダーの差別も今日の社会における構造的差別の一つになっている。なので、その構造を変えていく必要があるが、ここではローカル・デモクラシーへの女性の参加について考察してみたい。

まず、大きな構図として、女性差別からの解放のための運動とローカル・デモクラシーの確立とは、互いに力を与え合う関係になりうるということが考えられる。

前者の視点から見た場合、差別の撤廃や社会問題への取り組みにも寄与しうるネクスト・デモクラシー政体と、その基盤をなすローカル・デモクラシーの形成は、新たな運動展開のための拠点が生じることを意味するものとなる。具体的には、市政府の中にこれを目的とした部局を作ったり、地区委員会の日常業務の中にも組み入れたりすることが可能なので、それを実現すべきであると考える。

一方、ローカル・デモクラシー自体の確立のためにも、女性の政治参加が大きな追い風となるはずである。というのは、ローカリズムを基盤として生活者目線の政治を実現しようとするとき、女性たちが政治に参加することの意義はきわめて大きいと考えるからである。例えば、近年焦点化した各種の政治問題の世論調査の結果においても、男女による意見分布の差が目立つことが多かった。

そういう場合にデータが示すのは、女性たちのほうが平和や人権や環境などの生活者市民にとって大事な価値を優先する視点に立って、物事を考える傾向があるということだった。この傾向とネクスト・デモクラシーが確立しようとする政治の質は一致することから、女性の政治参加はその追い風になると思うのである。

近代社会が維持し続けてきた女性差別の撤廃という目的のためにも、生活者の視点で物事が決められていく政治への転換という目的のためにも、あるべきローカル・デモクラシーは、女性たちの積極的な政治参加を実現しうるものになることが望ましい。そのために、政体に関して採りうる有効な方策としては、以下のようなことが考えられる。

1つは、各種議会や委員会の議席数を男女同数にすることである。執行委員会も同様にする。そのためには、選挙法の規定を変えればいいのだが、同時にこれまで女性の政界進出を妨げていた諸要因を除去していくことにも目を向けなければならない。さまざまな面での男女差別の実態を変えていくことが必要となるのである。一方で、市評議会の議員が非常勤になることなどは、女性の政治参加のためにプラスの要因となると考える。一方で参加へのマイナス要因を減らし、他方でプラスの要因を増やしつつ、男女の共同参画を実現していくべきである。

2つ目には、市の取り組む活動の1つに、市内の企業などにおける男女差別をなくしていくためのプロジェクトを入れることである。そのプロジェクトが始まれば、女性の議員や委員たちが中心となり、一般市民の女性たちとともに取り組んでいくという連帯の輪の形成が期待できる。企業における賃金格差の問題、不安定雇用の問題、セクハラ問題など、いずれもが女性たちにとって切実な問題ばかりである。簡単に解決できるとは思わないが、政体が実現すべき基本目標の一つとして位置づけ、長期的に粘り強く取り組むことによって徐々に効果が上がってくると思う。そういう取り組みがあることは、女性の政治活動の活性化にもつながると思うのである。

一方、男女差別の問題は男性たちにとっての問題でもあるという視点をふまえれば、男性たちもこれに協力すべきであるし、主要目標の中に男性の働き方を変えることも含めていくべきである。この点でも、差別問題に取り組むことは社会のあり方を大きく変えていくことにつながるものであることがわかる。

3つ目には、こうした活動と並行して、アジア諸国の女性たちとの交流・連帯を始めることである。出発点では、市内に在住するアジア人女性たちとの交流に取り組み、徐々にアジア各地の運動体とつながる中で、国境を越えた交流を実現していく。1つの市だけではなく、ある地域の中でネットワークを作って取り組めば、より実現しやすくなると思う。

こうした交流は、各国の女性たちがお互いにエンパワーし合う効果を持つはずである。外からの刺激のもとに内なる変化への意欲と実行力も高まっていくからである。

総じて、ネクスト・デモクラシーは、さまざまな問題をかかえた現代社会を人間的な社会に変えていくために役立つ政体になることが期待される。男女の平等化を促進する役割を持つこともその一つである。

〔6〕 公務員を市民勢力の一員とする

政体の性格を変えていくためには、その支柱となる官僚制の弊害をどうするかも主要な問題の1つとして考えていく必要がある。

スウェーデンの地方政治の仕組みは、この視点からも幾つか評価すべきところがあると考える。

1つは、その分権化が徹底していることである。各単位は独立性が高くなっているので、自主的にいろいろなことを決められる。議員、委員の優位性があるとは言え、行政裁量の余地もあるので、公務員の仕事のやりがいや達成感も大きくなっていくことになる。

2つ目は、議員中心の行政委員会が各部門のトップになっているので、公務員の上層部が持つ権力は減殺されることである。それにより、上からの圧力が弱まり、保身のエゴイズムを始めとする行動様式は変えやすくなると思われる。

3つ目は、オンブズマン制度が発達していることである。スウェーデンは、世界で最初にオンブズマン制度が生まれた国であるが、近年においても参加民主主義の強化という目的からオンブズマン制度の拡充がなされてきている。

行政委員会による監督だけではなく、利用者である一般市民の立場からも改善のためのチェックが行われるならば、官僚制の弊害はより防止されやすくなるはずである。スウェーデンの地方自治では、この点も重視されている。

あるべきローカル・デモクラシーにおいては、以上のような意味での①細分化した形の分権化、

②議員によって構成される行政委員会の優位、③市民オンブズマンによる行政各部門のチェックという3点を取り入れ、制度化すべきであると思う。

しかし、これらにも増して重要なのは、市民・公務員・議員の関係性を根本のところから変えていくことではないかと考える。つまり、自由民主主義政体の下では、市民から議員への委任、議会から執行権力への委任、執行権力から官僚への委任という二重三重の委任関係がシステム化されているわけであるが、ネクスト・デモクラシーにおいてはこれを三者の協働関係に変えていくべきだと思うのである。

その協働関係を作り上げていく上で有力な手がかりになると思われるのは、市民主導のまちづくりである。その根拠となるのは、市民主導のまちづくりの事例において、多くの場合にコーディネーターの役割を果たし、その成功を支えた公務員たちがいたという事実である。そこからわかるのは、公務員たちにもよき地域社会を作っていくための公共的活動の主体の一員にもなることが期待できるということである。日常的にも公共的な目的の仕事をしており、地域社会とも向き合っている存在なのだから、こうした期待は十分に現実的であると言えよう。

第6章　共生の社会にするために

はじめに

近代という時代は、平等や人権という理念をかかげる一方で、さまざまな社会的差別も生み出してきた。その大きな原因となったのは、社会を構成するマジョリティ（多数派）とマイノリティ（少数派）との間に明確な線引きがなされるようになったことである。線引きは、多数派民族と少数派民族の間だけでなく、性的少数派や各種の障がい者、感染症患者などに対してもなされていった。根強く続いている女性差別や部落差別とともに、こうした差別の諸問題は、人権意識が高まる現代において是非とも克服すべき課題になっている。差別的な社会から共生の社会への変化が求められているのである。

この章では、とくに多民族の共生というテーマに関して、差別の解消と共生社会の実現のための方策を考えていく。このテーマにしぼるのは、それらを推進するのに役立つ政体の仕組みが、その他のマイノリティ問題に関しても活用することができると思うからである。その仕組みの中心となる機構は地方と中央に置かれる「〈社会〉評議会」であるが、これについてはこの章の3節と第3部2・3章で述べることにしたい。

1節　多民族の共生に関する思想

[1]　エスニシティ問題の経緯

この節では、多民族の共生に関する政治思想を見ていく。多民族社会を構成する各集団はそれぞれの形成の経緯が異なるため、理論的には「エスニシティ集団」の問題として表され、論じられるようになっている。私もここでは、「エスニシティ」という用語を使いながら論じていくことにする。

エスニシティの問題の一部は、近代の負の遺産として続いてきたものであり、現代の世界において深刻さを増してきているものである。他の一部は、現代におけるグローバル経済の変動、各国の国内政治あるいは国際政治の諸問題で発生した移民・難民・外国人労働者等の流入によるものである。生きるための必要から国境を越えて移動する人々の新たな増加は止まらない。私たちが、選択すべきオルタナティブとして、多様な人々がともに良く生きられる社会を目ざすならば、それを可能にする政体の仕組みについても考えていかなければならない。そういう方向性を持って、この分野の問題解決の基礎となる理念や最も適切な方策を考えていきたいと思うのである。

これは、問題としてはすでに数世紀の歴史を持つものであるが、自由民主主義諸国においてその改善のための特別な政策がとられ始めたのは、数十年前のことにすぎない。１９６０年代後半にアメリカの公民権運動などエスニシティをめぐる社会運動が各地で始まったことがきっかけとなり、70年代には一部の先進国においてそれまでの同化主義政策から多文化主義政策への転換が始まった。この政策は90年代以降、多くの国々で採用されるようになってきているが、その結果としてエスニシティ問題の解決が果たされたかと言えば、そうはなっていない。近年に至っては、むしろ激化の様相すら見せているのである。

解決の手段として採られた多文化主義には、何が足りなかったのか。そもそも、基本的な方向性が間違っていたのだろうか。この章では、この分野で画期的な論考を展開した二人の政治理論家の意見をもとにしてこれらの問題を考え、より適切な答を探っていこうと思う。その中で、新しい政体に付け加えるべき要素の内容と形も見えてくると思うからである。

[2] キムリッカの多文化主義思想

カナダの政治学者であるウィル・キムリッカの多文化主義思想で評価できると思うのは、先進諸国でエスニック問題が生じてきた歴史的経緯を構造的にとらえた上で、長年差別されてきたマイノリティの側に立って、この問題の本質を論じていることである。解決のための具体策という面ではリベラリズムの持つ限界性を感じるのであるが、問題を生む構造の認識という面では説得力のある議論を展開している。その点は参照していきたいと思う。

そうした認識を得るために彼が用いた主要概念は、「社会構成文化」というものである。これは、新たに国民国家が設立されるときの過程をイメージすると理解しやすくなると思うのだが、キムリッカはその定義を次のように説明している。

「社会構成文化とは、公的・私的生活(学校・メディア・法律・経済・政治など)における広範囲の社会制度で用いられている共通の言語を中核に持ち、一つの地域に集中している文化を意味する。これを社会構成文化と呼ぶが、それは個人の生活様式にではなく、共通の言語や社会制度に関係していることを強調するためである。(中略)言語的・制度的絆……これは、周到な国家政策の結果なのである。」(『土着語の政治』2001年)

「社会構成文化とは、人間活動の全範囲にわたって、諸々の有意味な生き方をその成員に提供する文化である。」(『多文化時代の市民権』1995年)

このような意味での社会構成文化は、国民国家形成に必ず伴って生み出される人為的なものとして捉えられている。また、キムリッカはその国家政策による形成・維持の努力は出発点に限らず、出来上がった国家の普段の営みの中でも持続的に行われてきたと見ている。そこで定着していくのは、その国のマジョリティ、多数派市民に共有される共通の感覚であり、各種の制度に関する共通の知識である。それは円滑に社会生活が営まれていくための土台であり、個人の生活や人生展開を意味あるものにするのに役立つものともなっている。

そういう文化が形成され、維持されていくことは、エスニックな少数派にとっては、何を意味するのか。先住民族や、併合された民族にとっては、それまであった自らの社会構成文化を奪われ、破壊されることを意味する。一方、新たに渡来する移民たちにとっては、どうなのか。母国の社会構成文化を離れて、未知で異質な文化の中にほうりこまれ、別の人生を歩み始めることを意味する。いずれの少数派にとっても、社会構成文化との関係という大切な面で不利な影響を持つものであることに変わりはない。ところが、多数派市民にとってはそうした体験をすることはなく、これらがどれほどの負担やハンディを意味することなのかは、なかなか実感しにくいものである。そのことを想像してみるどころか、ほとんど関心も持たずに過ごしているというのが、一般的な現状だろう。キムリッカは、エスニック問題の根底にこのような、文化面の奪い・奪われる関係があると見ている。また、国民国家の「同質性追求」という基本的性格が、支配下の民族に対する排除と従属化を生みだしてきたとも言っている。それにより、主流社会の多数派と各種のエスニック少数派との間には、構造的に不平等な関係ができ上がってしまっているのである。では、そうした本質を持つエスニック問題の解決、改善を図るには、どのような政策が必要とされるのか。

彼は公正な正義の実現のためには、多数派市民が享受している一般的権利とは別に、マイノリティのための集団別権利が確立されるべきだと主張する。具体的には、先住民族などに対して保障されるべき「自治権」、移民などに対して保障されるべき「エスニック文化権」、さらに、マイノリティに政治的発言権を保障する「特別代表権」という3種類の権利をあげている。

例えば、ある民族に自治権が認められ、居住する自治区が設定されるならば、その中で民族の社会構成文化を回復することが可能となる。それを要求するかどうかは、その民族の集団が選択し決定すべきことであるが、要求された場合には、多数派は「力で奪ってきた」という歴史的経緯を踏まえてこれを認めなければならない。

これに対して、移民の場合にはそうした要求が出ることはなく、一般的に主流社会への統合を受け入れつつ、統合の条件を向上することが目ざされるという。エスニック文化権というのは、そういう要求に応えるものであると同時に、多数派からの「承認」という意味を含むものでもある。

（註：エスニック文化権とは、ある社会でマイノリティとなったエスニック集団が自らの文化の諸要素を社会生活の中で享受し、維持していく権利を意味する。）

いずれの場合にも、各マイノリティの自主的決定を尊重し、それをもとにケース・バイ・ケースで関係の改善が図られるべきだとキムリッカは述べている。

一方、特別代表権は、公共の政治の場面にマイノリティが能動的主体として現れることを権利として認めるものである。それは、通常の選挙制度の下では代表されにくい集団が、国会に対しても自分たちの代表を送れるようになることを意味する。その意味で、エスニシティ問題への対処の中では、アファーマティブ・アクション、つまり積極的差別是正措置の一つと位置づけられるわけである。

キムリッカは、これらの特別な権利付与の目的と正当性を次のように表現している。「集団別権利――領域的自治、拒否権、特別代表権、土地権、言語権――は、多数派の決定に対するマイノリティ文化の脆弱性を緩和することによってこの不利益を是正する一助になりうる。」(『多文化時代の市民権』)

キムリッカの理論の場合はこのように民族という集団とその文化を重視しているのであるが、ベースになっている基本的価値観はリベラリズムのものであり、コミュニタリアン的な傾向は認められない。あくまでも個人の選択の自由が優先であり、民族のものである社会構成文化も個人の自由な選択を支え、可能性を拡げるものとして捉えられ、重視されているのである。したがって、その理論において、個人の自由と集団の権利は両立可能なものとして見なされていることがわかる。

こうした権利の確立を主張するキムリッカの提言をどのように評価すべきか。これらの権利が実際に行使された場合を考えてみよう。

特別代表権が行使されれば、議会の中にエスニック集団の代表が議員として含まれるようになる。そうなると、多数派市民の議員たちもその声を聴くようになり、相互のやりとりの中で「アイデンティティの承認」が実現されていくということが期待される。そのこと自体が、意義ある一歩前進にはなると思う。しかしながら、エスニック問題に含まれる構造的差別・抑圧を考えると、こうした権利の確立と承認だけでは多数派とエスニック少数派との間の関係が大きく変わることにはならないと考える。したがって、課題の全体に対しては十分な解決案であるとは思えない。

しかし、特別代表権などの集団別権利が持つ意味、この問題に与える影響が大きいことは確かである。なので、解決策の一部として政体構想の中に組み入れていこうと思う。

[3] ヤングの「差異の政治」論

エスニシティ問題を考えていく上で参照すべきと思う、もう一人の論者は、アメリカの政治学者アイリス・マリオン・ヤング（1949〜2006）である。

二人を比較して言えば、キムリッカは民族と民族の間に生じた問題を考えるのに役立つのに対し、ヤングは格差・貧困の問題と重なるニュー・カマーズの問題を考えるのに示唆するところが多い。その意味で相互に補完的であり、現代のエスニック問題を考えるには、ともに欠かせない存在となっている。（註：ニュー・カマーズとは、第2次大戦後に移住してきた人々のこと。戦前・戦中に移住してきた在日の人々は、オールド・カマーズと呼ばれる。）

ヤングの場合、関心の対象はエスニック少数派集団に限らず、現代社会におけるすべての抑圧された集団に広がっている。アメリカの場合、その集団に含まれるのは、女性、黒人、ヒスパニック、インディアン、ユダヤ人、アラブ人、LGBT、高齢者、労働者階級、障がい者であるという。彼女は、それらの集団の抑圧からの解放を目標として掲げ、そのための「差異の政治」の必要性を主張した。

ヤングは、問題の本質は現代社会における構造的抑圧にあると見ているのであるが、その構造についての認識はフランクフルト学派の批判理論による社会観にもとづくものである。批判理論は、自由民主主義政体の下での現代福祉社会をシステム化された支配の構造を持つものとして捉える。そのシステムの総体が、人々を支配するものとなっていると見るのである。多くの抑圧された集団はこの構造の中にあって、政治的には無化されてしまっている。その要求は社会運動の中で噴出することがあるが、日常の秩序の中では沈黙を強いられている。その抑圧は構造的なものであり、主要な経済的・政治的・文化的制度の中で組織的に再生産されているものとして捉えられている。（註：「批判理論」とは、1930年代以降、マックス・ホルクハイマーやテオドール・アドルノらが形成していった社会哲学のことである。）

ヤングは、そうした抑圧には、5つの主要な側面があると言う。「搾取」・「周辺化」・「無力化」・「文化帝国主義」・「暴力」の5つである。抑圧された集団においては、必ずこれらの内のどれかが見られるが、複数のものが見られる場合も多い。エスニック集団の場合は、すべてがあてはまる集団もある。ヤングは、アメリカ社会の現実をもとに説明しているのであるが、その内容は多かれ少なかれすべての先進国にあてはまるものであると思われる。

こうしたすべての抑圧を終わらせ、社会的正義を実現するためには、どうすべきなのか。ヤングは、『正義と差異の政治』の中で、そのための変革のビジョンを提示している。その要点は、以下のようなものである。

ビジョンの基本的性格は「差異の政治」を軸としたラディカルな参加民主主義制度の創出であり、

社会全般における民主化の促進である。その1つの焦点となるのは、都市を含む広域政府において集団代表制にもとづく差異の政治が展開されることである。集団代表制は、①各集団の自己組織化、②政策提案の集団的創出、③集団に直接影響する特定の政策への拒否権などを伴う制度である。これによって表出される多様なニーズは、民主的な討議を通じて承認されるとともに、多数派集団との関係を変えていく影響も持つようになる。ヤングは制度の意義を次のように書いている。

「社会的正義は、民主主義をもたらす。人々は、職場や学校や近隣地区における関与、活動、規則の遵守に関わるあらゆる状況において、集団的な討議と意思決定に参加すべきである。そうした制度が、ある集団に他の集団に対する特権を与えている場合、民主主義の実質を保つために、不利な立場におかれた人々には集団代表が必要とされる。（中略）

集団の差異をなくすという公正な社会の理念（註：リベラリズムの理念）は、非現実的であるし望ましくもないことは、すでに論じた。逆に、集団の差異が認められた社会における正義は、集団の社会的平等、集団の差異の相互的な承認と確認を要求する。集団固有のニーズに注意を払い、集団代表を認めることは、社会的平等を促進するとともに、承認を提供することで、文化帝国主義を弱めるのである。」

以上のように、ヤングは集団代表制の意義を高く評価する点で、キムリッカと共通している。一方、抑圧の構造の捉え方には大きな違いがあり、抑圧された集団の範囲も異なっている。それにより、差異の政治のビジョンも異なるものになっているのである。

[4] 集団間の関係を変える方向―花崎皋平の共生の思想

ヤングとキムリッカは共通して「集団代表制」の必要性を唱え、それによって現出する「差異の政治」に対する肯定的な態度を示していた。私も、あるべき共生社会に近づけていくために必須なものであると思うので、この提言には賛成する立場をとる。しかし、一方では、それだけではエスニシティ問題の十分な解決と共生社会への転換は望めないと考える。そこに欠けているものは「集団間の関係性の変化」と、「差別を生み出す経済的要因への対処」の二つである。特に、集団間の関係を変えていくことは、この問題の解決に向かうための必須の要件であると思うので、現代の日本でとりうる有効な方策を探していきたいと思う。後者の具体策については、7章の中で述べることにする。

ネクスト・デモクラシーでとるべき方策については次節で述べるが、その前に、関係性変化の面で参考となるものとして、花崎皋平『アイデンティティと共生の哲学』(1993年)に示された共生の思想にふれておきたい。

花崎が目ざす関係性の変化、精神的な変化は「ピープルネス(ピープルになること)」という理念の中にこめられている。この理念は「差異の政治」の基底となる関係の創出に関するものであり、各エスニック集団の中にある民衆同士が対話し、共感し合う中で共生の倫理を共有していくようになることを含意するものである。

「ピープルになるとは、おたがいにナニサマでもない者としての関係に思いを広げ、関係をピープル化することである。ナニサマでもない者がそのままで生きやすい関係をつくることである。」(『アイデンティティと共生の哲学』)

この関係の中に前提とされているのは、共通性とともにある、多様性・異質性である。異質性は各集団の歴史的経験ともつながっているものであるため、ピープルネスは倫理的側面を持つものになることが要請される。

「『ピープルになる』とは、私と他者がいつでも加害と受苦の関係になる可能性と必然性、その歴史的被規定性を承知した上で、しかもその場から『共に生きる』関係を目ざすことである。」

「『共生』の倫理は、日本と日本人にとっては、民族的に固有な歴史の過去を負ったものである内実を含むものでなければならない。」

花崎の共生の倫理においては、「個人としての人格的独立性と自由」や「人と人との水平化」ということも重視されている。つまり、自立した個人が自発的に、相互に向き合いながら関係を築いていくべきだということである。

共生の倫理は、その意味で相互主体性の倫理でもあるが、そこで前提とされるのは「他者の不可知性」である。お互いに自由な意志を持つ個人であり、異質性によって隔てられた存在である以上、想像力の及ぶ範囲には限界がある。したがって、そうした限界性もわきまえた関係の倫理でなければならないとされる。

そうした異質性を持つ集団と集団、個人と個人がピープル的な関係を築いていけるのは、相互に向き合う水平性の秩序においてであり、対等に交渉しあい協力し合う過程においてである。つくるべき共生社会のイメージは、次のように描かれている。

「こうした『ピープルネス』を気分として共有する社会は、生命の移ろいやすさ、傷つきやすさ、多様性と差異を、文化として尊重し、無理な発展＝開発を追求しないやわらかい秩序の社会とならざるをえないだろう。やわらかい秩序とは、管理の少ない分だけ、水平的な人と人との『あいだがら』での矛盾の処理・解決を許容する社会である。それは、慣習法や妥協によるそのつどの解決の余地をのこすことになるから、表層的には首尾一貫性や機械的公平性を欠く。しかし、その代わりに関係の安定性や合意が重みを持つ。」

3章において、住民同士の関係性の変化ということを論じたが、花崎の共生社会論には内容の面で共通するところが多いと感じられる。例えば、相互主体性の論理、水平の人と人とのつながりなどである。その上に、歴史的なことを意識した「共生」の倫理の確立も論じられている。

ということで、基本的に賛成できる内容なのであるが、こうした関係性を確かなものにし、エスニック問題を解決に導くためには、より踏み込んだ方策が必要であると考える。特に、オールド・カマーズや民族的マイノリティとの間では、近代の負の遺産を見つめつつ、それを乗り越えていくような深い信頼関係を構築することが大切であり、その成果はエスニック問題状況全体の改善にもつながるものになると思うのである。具体的には、以下のような解決の方策をとるべきだと考える。

2節　日本における問題解決への道

エスニック問題の歴史的経緯は、国によって大きく異なるところがある。それらの経緯は各国のエスニック問題の現状にもつながっており、その多様性を生みだす要因の1つにもなっている。この点を思えば、問題解決への道筋もそれぞれ異なったものにならざるをえないと考える。なので、ここでは、日本の過去と現在をもとにして解決の方途を考えてみようと思う。

[1]　共通の方策

日本における主なエスニック問題としては、①民族的マイノリティ(アイヌ・ウチナンチュ)、②在日韓国・朝鮮人、③外国人労働者、④世界各国からの移民・難民があげられる。③の労働者の中には、(a)入管政策によって不法滞在とされる者、(b)入管によって合法的滞在者とされた者、(c)技能実習生、という法的に見た場合の3種類が含まれる。

解決の道は、戦前から住んでいる①・②と、「ニュー・カマーズ」と呼ばれる③、④とでは大きく異なるが、共通して採られるべき解決策もある。共通の方策としては、(a)政治的権利に関するものと、(b)文化的権利に関するものが考えられる。まず(a)について論じていこう。

冒頭から述べているように、ネクスト・デモクラシーは国民国家の消滅を前提とし、政体の対象範囲内に住むすべての成人の参加によって営まれるべきものである。そうである以上、政体の各レベルにおいて誰もが参政権を持つのは当然のことであり、民族的属性は関係なくなる。その結果、各レベルの議会は多民族社会を反映した、多民族の議会となる。

このために必要なもう一つの制度的変化は、抑圧されたエスニック諸集団の特別代表権が認められることである。つまり、普通選挙で選ばれる議員たちとは別に、エスニック集団毎に選ばれた議員たちが、ともに同等な資格で議会に参加するようになるということである。③や④のニュー・カマーズ集団は日本語能力の面で問題が起きるかもしれないが、通訳をつけることによって、その問題はクリアーできる。集団代表の参加によって、マイノリティの抱える問題が可視化されやすくなり、当事者たちにとっての最適の改善策が提起される。こうしたことの効果を考えれば、多少の負担の増大が見込まれるとしても、実現を目ざすべきだと思う。

bの文化的権利も、エスニック問題の焦点の一つが「アイデンティティの承認」の問題であることを思えば、不可欠のものとなる。人種差別の問題でフランツ・ファノンが指摘したように、抑圧された集団の人々の内面においては、多数派の文化への屈服による自己卑下の心理が起きやすい。そのために、ヤングが指摘した「文化帝国主義」による抑圧が続いていくのである。この不正義を是正するためには、集団同士が相互に向かい合い、異質な文化への理解とリスペクトを深めていく「承認」のプロセスが必要である。そうした関係づくりの基礎を作るためには、キムリッカの提起した「エスニック文化権」の制度化も必要であると考える。具体的に言えば、①民族の言語、②固有の宗教、③伝統の慣習や文化などを維持することができ、民族的マジョリティから妨害や差別などの不快な攻撃を受けない権利である。これがあれば、各エスニック集団は固有の文化を守りつつ、主流社会の中で生活し続けられるようになる。多数派は、それを認めた上で、さらに積極的に理解を深める努力を続けるべきである。

[2] オールド・カマーズと民族的マイノリティに関する解決策

ここからは、共通の施策以外にとるべき方策について述べていく。

何よりもまず、多数派は、①と②のオールド・カマーズおよび民族的マイノリティの人々との根本的な関係変化を目ざさなければならない。アイヌ民族、沖縄の人々、在日の人々……いずれも、日本の近代国家形成と帝国主義的侵略政策が生み出した犠牲者であり、日本人とこれらの人々が加害者・被害者の関係にあることは言うまでもない。そうした人々とともに公共性あるコミュニティ、民主的で平等な政治社会をつくり、共に営んでいくためには、どうすべきなのか。

最も大事なことは、いかにして相互の信頼関係を築くのかということである。そのためには、自らの民族の過去の行為についての謝罪と和解、近代の歴史についての知識の共有、現在ある差別や人権侵害の阻止のためにともに闘うこと、よりよき未来のための活動に一緒に取り組むことなどが思い浮かぶ。ネクスト・デモクラシーのもとで、これら全てが本気で取り組まれていくならば、この課題の解決への道が開けていくと思う。

上記の全てに共通しているのは、「共有すること」ではないだろうか。歴史の分野では「過去の共有」が行われ、反差別の分野では運動を通じた「現在の共有」が行われる。また、双方が参加する各種のＮＧＯ活動などでは、目標の共有という意味で「未来の共有」が生まれる。

この視点から信頼関係構築のための諸方策をまとめて言えば、共に活動する中で、「過去と現在と未来の共有」を進めていくことである。この３つの面での共有活動が確かなものとなる時、集団間にあるわだかまりや恨みや相互不信などが消えていくに違いない。同時に、共に同じ目線で活動していくことによって、花崎が求めるような関係性の変化も実現しやすくなると考える。それによって、最終的には、信頼感と連帯感によって結ばれた共生のコミュニティが生まれる可能性がある。

それでは、次に、過去・現在・未来の共有という各分野で有効と思われる方法について考えてみよう。

「現在の共有」のためには、政体の各レベルにおける「差異の政治」（集団別権利の行使）の実現とローカル・レベルにおける「まちづくり」での協働が有効であると思う。在日の法学者キム・テミヨンは著書『マイノリティの権利と普遍的人権概念の研究』（２００４年）の中で「差異の政治と差異なき政治の両方が必要だ」と述べている。住民としての共通課題にともに取り組むことは、相互信頼の形成に役立ち、ピープルネスを実感させるものとなるに違いない。

「未来の共有」というのも、コミュニティや列島社会や地球に住む住民としての共通課題に取り組むことであり、その点では「現在の共有」と似ている。目標の実現に時間がかかり、長期的な取り組みになるという点は、異なるところである。その活動はNPO法人やボランティア・グループなどの市民団体の形で取り組むのが適当であると思うのであるが、その意義を考えると、団体の活動への公的な支援や推進策も行われるべきだと考える。また、こうした共同活動への参加者の中では在日の人々が大きな割合を占めると思うので、同じテーマに取り組む韓国の市民団体との連携も実現しやすいと思う。海を越えたピープルネス関係の実現も期待できるところである。

「過去の共有」は、どのようにすべきであろうか。大きく分けて、民族間の和解実現および、ピープルネスの視座に立った歴史認識の共有という2つの課題がある。これらは、市民団体の活動とともに公的な事業としても取り組まれる必要がある。多数派の人々全体に関わることだからである。

これも、現在の共有・未来の共有と同様に、長い時間をかけて取り組まれるべきであると思う。長期的な活動の過程そのものが、信頼関係の構築に役立つにちがいない。

順序としては、歴史認識共有のための研究活動、教育活動から始めるのが良いと思う。地方や市によっては、調査活動が意義あるものとなる可能性もある。同化主義教育の歴史をふり返るのも意味のあることだろう。抑圧の構造が見えてくることにもなるからである。

共同の活動の成果は、定期的に報告書としてまとめられるのが望ましい。それらの積み重ねの上に、公式の場における謝罪と和解のコミュニケーションが行われるべきだと考える。国際間と同様にエスニック集団間においても、あいまいなままでは、理解と信頼は深まらないので、これらも重要なことである。

さて、現在の共有のための活動の中で最大の難問となると思われるのが、沖縄の基地の問題である。これについては、どのように考え、政体構想と結びつけていくべきだろうか。

現在の自由民主主義政体の下では、マイノリティの切実な願いは実現されにくい。どんなに不公平なことでも、それがマジョリティにとって好都合な事態であれば、変えてほしいという願いは無視され、維持されていってしまうからである。こうした構造は、是非とも変えていかねばならない。

ネクスト・デモクラシー政体においては、民族的マジョリティの専制はあってはならないことなので、そのようなことは起こらない。エスニック問題の解決という長期の目標を意識しつつ、集団間の対話と交渉によって決定がなされていくことになる。

この政体の下で沖縄の米軍基地移転問題が提起されたとすれば、次のような展開が予想される。まず、沖縄における住民投票が実施される。結果が「県内移転反対」であれば、全地方が参加する地方代表者会議が招集され、話し合いが行われる。そこでの決定は全員一致方式で行われるべきである。沖縄は住民の総意どおりの主張をし、他の地方はそれを認めつつ、沖縄に代わって受け入れることも承諾しないだろう。

結局、この会議では沖縄からの移転は決定するが、日本列島内の移転先はないという結論になり、その後どうするかは中央の評議会と執行委員会で考えていくという展開になるだろう。沖縄住民の願いが実現するということになるわけである。

類似の問題として、原発の問題、核ゴミの最終貯蔵施設問題等も集団間・地方間協議にかけられるべきである。総じて現在と未来において、住民の生命や健康に危害がおよぶ可能性のあるものは、住民の同意なしに建設されてはならないし、集団間に不公平が生じることがあってもならない。そういう原則が必ず守られる政体の理念と仕組みにすべきだと思うのである。

[3] ニュー・カマーズに関する解決策

移民や難民は、各種の差別や抑圧に最もさらされやすい存在である。状況によっては、最低限の人権さえ守られないことがある。経済的な面でも、第2世代を含めて貧困に苦しむことが多い。したがって、問題の解決を目ざすならば、オールド・カマーズ以上に多面的な取り組みが必要となってくるのである。

解決のために最も大事なのが集団間の信頼関係の確立であることは、オールド・カマーズの場合と変わらない。しかし、多数派の人々にとっても相手が文化的に未知の存在であったり、言語能力の問題もあったりして、さまざまな困難が生じることも覚悟しなければならない。

こうした特性をふまえる時、解決のための基本的方策としては、主に5つのことが考えられる。1つは、地域社会においてコミュニティの一員として受け入れていくこと。2つ目に、学校教育および社会教育の中で、多数派の人々におけるエスニシティ問題への理解を深めること。3つ目に、いくつかの積極的差別是正措置(アファーマティブ・アクション)を含む多文化主義政策の実施。4つ目は、集団代表の参加による差異の政治の実現。5つ目は、格差と劣悪な労働条件を生みだす資本主義企業の行動を規制していくことである。第5の方策は、政体の中に資本主義と各種産業・企業をコントロールするための仕組みを作り出すことによって有効なものにしていくことができると考えている。この点についての詳しいことは、次章で論じることにしたい。

これら5つの方策は、全体としてこれまでの多文化政策の抜本的な変更を意味するものである。

第1に、これらの人々を単に「助けられるべき」受身の存在として見ていくのではなく、社会に対して働きかけることのできる能動的主体として受け入れていくという態度の変更が含まれている。これは、集団間の信頼関係の創出のために基本的な要件となることである。そのようにして初めて、水平の相互に向かい合う関係が可能となり、コミュニケーションの中で信頼関係を生むことが可能となるからである。

そのことは、「承認」の視点から見ても重要である。エスニック文化の尊重のみが「承認」と理解されている場合には、単なる「好意的無視」で終わってしまうことも多い。それでは、異文化を持った相手を一個の人間として尊重するまでには至らないであろう。独立の意思を持った主体として受け入れる時にのみ、互いに人間として理解し、尊重していくプロセスが始まるのである。

第2の変更点は、受け入れ側の多数派の人々への多文化教育の重視である。

移民・難民のホスト社会への適応力を高めることのみが目ざされる場合には、多数派への関心が薄まっていくようになりがちである。異文化理解も双方向的なものであるべきだから、この点も忘れてはならない。また、ヘイト・スピーチや排外的なネット言論が影響力を持たないようにするためにも、多数派への基礎的な教育は不可欠なものである。

付け加えて言えば、自然発生的に多数派の中である文化(例えば、韓国文化)への関心と学習意欲が高まっていく時に、信頼関係の醸成に最適な状況が生まれるというのも確かなことである。そのきっかけを生むものとして、スポーツやサブカルチャーの重要性も指摘しておきたい。

第3に、いわゆる「承認の政治」と「平等の政治」(格差の縮小を目ざす政治)の結合の実現という変更点である。つまり、移民・難民に課せられる諸種の不利な条件、劣悪な条件をいかに是正していくかという問題であり、第3の方策と第5方策はこれにあたるものである。

第3の方策では特に、大学入試における優遇措置など教育分野のアファーマティブ・アクションが重要である。「貧困の連鎖」によって、若い世代に出発点からの不利な条件が課されてはならない。住宅の無料貸与とか、健康保険の無条件適用など、生活関連の諸分野での支援策も大きな意味がある。総じて、貧困からの脱却を可能にするような施策が講じられなければならない。各種集団の置かれた状況は多様なので、集団代表制による政治参加で聞かれる声にもとづいてきめ細かな施策が講じられていくならば、その多文化政策はより心のこもったものとなり、信頼の得られるものとなっていくに違いない。

しかし、この面でもう1つの大事なことは、資本の飽くなき利潤追求が生み出す各種の劣悪な状況をどうやって抑止し、緩和し、廃絶していくかという問題である。これは、エスニック集団のみならず、多数派の中の抑圧された集団全部に関連する問題だと言える。なので、次章において、

「資本主義と企業のコントロール」をテーマとして論じる中で、併せて考えていこうと思う。

最後に、前記の「過去・現在・未来の共有」についてであるが、ニュー・カマーズの場合は、経済的あるいは時間的余裕の乏しさから、「過去」と「未来」の共有までは難しいと思われる。それでも、オールド・カマーズとの間のそうした経験の蓄積と関係の変化は、共生社会へ向けてのゆるやかな質的変化をもたらし、ニュー・カマーズの受け入れ方の改善にもつながると予想する。そういう意味でエスニシティ問題全体の解決にとっても、大きな意義を持つと思うのである。

3節　「よりよい社会」の実現のために作るべき政体の仕組み

章の「はじめに」でふれたように、差別の解消と共生社会の実現という目標の達成のためには、これらを主要な課題領域とする特別の評議会を設けることが有効な手段になると考える。

その評議会は、問題の性質から考えて、当事者集団に属する評議員を含むものでなければならない。また、よりよい解決策を模索していくためには実践面の経験と理論面の研究がともに役立つと思われることから、関連市民団体および差別問題研究者から選ばれる評議員を含めるべきである。さらに、提案される解決策を多くの市民の理解と共感を得られやすいものにしていくためには、一般市民から公募で選ばれる評議員の参加も必要となる。

こうした4者によって構成される〈社会〉評議会は各地方と中央に置かれるべきだと考えるが、具体的なことは第3部で述べることにしたい。

この節でもう1つ述べておきたいのは、差別以外の社会問題への取り組み方である。戦後および現代の日本社会は、政治と社会のあり方に起因する各種の問題を生みだしてきた。例えば、カルト的な教団が生む諸問題、児童虐待、孤独死、自殺者の多さ、無差別殺人、保育施設や介護施設における虐待、特殊詐欺事件、SNSが生み出す諸問題などなど……。よりよき社会を目ざすならば、政治と行政はこれらの問題についても真剣に取り組んでいく必要がある。

そのための仕組みとしては、〈社会〉評議会の他に各種専門家を集めた個別の諮問会議を作るべきだと考える。それらの会議での審議を始めるに先立って、関心ある一般市民や行政分野の関係者などが参加する討論会を開き、幅広く意見や体験を聞くべきである。また、各種の調査を行って実態を正確に把握しておくことも必要である。そうした準備の後、諮問会議は審議を重ね、最善と思われる方策をまとめて、評議会側に答申する。中央評議会と地方評議会および関連の各行政委員会は、この答申を尊重しながら問題解決に取り組むという流れになる。

また、よりよき社会にしていくための根本的な変革は、第3章で述べた新しい共同性にもとづくコミュニティの復活や、公共性の政治の理念に含まれるような連帯の精神が社会に根付いていくことによって成し遂げられていくものだと思う。同時に、次章で論じる「人間的な経済」のための一連の改革も大きなプラス要因になるはずである。これらのポジティブな変化の促進にも力を入れながら、全ての住民のための政治と行政に取り組んでいくべきである。

第7章　人間的な経済にするために

はじめに

ネクスト・デモクラシーの政体は、すべての住民が自由権、生活権、幸福追求権を保障され、豊かに平和に暮らせるという意味で、よりよき社会の実現を目ざすものである。この目的の中には、当然のこととして、これまでの経済のあり方を変えていくことが含まれる。すなわち、必然的に格差や貧困や過酷な労働およびさまざまな不幸を生み出す新自由主義的経済をそうでないものに転換していくこと、人間的な働き方をしながら、より平等で豊かな生活ができる経済への改革をめざしていくことである。

この章では、その視点に立って、どのような政体の仕組みを作り、どのような改革を行っていくべきかを考える。

1節　新たな民主政体の経済への関わり方

比較のために、現在の「国民国家」の政治と資本主義経済の関係を考えてみよう。多岐にわたる政策分野のうちで直接に経済に関わるものとしては、通貨政策・金融政策・産業政策・貿易政策・交通運輸政策・エネルギー政策・情報通信政策などがある。さらに所得再分配や人材育成、技術開発の面なども経済に関わる意味が大きいので、社会福祉政策・教育政策・科学技術政策もリストに加える必要がある。国民国家と経済の関係という視点で見たとき、これらの政策を通して目ざされているのは、国民生活の平均的な豊かさと、自国資本主義の発展を通じた国力の増強および、資本主義の生む負の影響を緩和することによる国民統合の維持・強化であると言える。経済発展という目標に関わる面は、戦後の混乱期と高度成長期を経て、今日の低成長の時代においても日本政治の中心的な課題領域となっている。一方、負の影響の緩和という面は戦後の福祉国家化の時代にある程度の前進が見られたが、90年代以降のグローバル化と新自由主義政策への転換の中で大幅に後退してきている。

国民国家の経済政策・福祉政策は、総じて国の繁栄と国民統合を目ざすものである。戦後に実施されてきた経済政策の総体は、中間層以上の人々にある程度の豊かさと安定をもたらしたというプラスの面はあったが、一方では貧困の連鎖や生活不安の増大、過労死も生み出すような労働力使い捨て、さまざまな人災による深刻な被害など、マイナスの面も大きかったことを忘れてはならない。また、これらの諸問題＝負の面は政策の失敗の結果というレベルのものではなく、国民国家と資本主義の関係の本質に結びついたものであったことも明らかだと考える。その政治においては、国際競争の下での国民経済の維持、発展が最優先の目的であったために、各政権が、その中で発生する貧困や抑圧・差別、環境問題、社会問題などに対して真摯に向き合い、取り組むことはなかったのである。

ネクスト・デモクラシーにおいては、こうした政治と経済の関係が根本的に変わる。その政治においては、国家の経済的繁栄が目ざされるのではなく、住民一人一人の生活がよりよいものになること、それぞれの地域が住みよいものになることが目ざされるからである。

それでは、具体的にはどのような目標を掲げて、今の資本主義経済に関わり、変えていくべきだろうか。この視点で日本経済の現状を見たとき、以下の13項目の変革が必要であると思われる。内容には経済全体に関わるものから、各種産業、大企業に関わるものまでが含まれるが、とりあえず列挙してみることにする。

①絶対的貧困をなくし、相対的貧困を緩和していくこと。

（註：絶対的貧困とは、生きる上で最低限の生活水準が満たされていない状態のこと。相対的貧困とは、その国の水準の中で比較して、大多数よりも貧しい状態のこと。具体的には、可処分所得の平均値の半分が基準の線となる。）

②外国人労働者の搾取をなくすこと。
③非正規や派遣という不安定な雇用形態をなくすこと。
④大企業を解体し、小規模化を進めること。下請け支配の構造もなくすこと。
⑤農業・農村の衰退を止め、食料自給率を高めること。
⑥金融操作による不当な利益を得られなくすること。
⑦上層の富裕化を抑えて、格差の少ない社会に変えていくこと。
⑧バブル崩壊などの経済危機を防止すること。
⑨企業における労働を人間的なものにすること。
⑩企業における各種の男女差別をなくすこと。
⑪企業の活動を環境に悪影響を与えないものにすること。
⑫企業をよりよき社会のために貢献するものにすること。
⑬企業の組織と運営を民主化すること。

（註：この「民主化」は、すべての従業員が何らかの形で決定作成の過程に参加できるようになることを意味する。）

これらの目標のすべては、現在の日本に見られる状況とは大きく離れており、今の政治的な力関係をもとに考えれば、達成の可能性はゼロに近いと言える。しかし、これまで論じてきた新たな政体が実現される時があるとすれば、その時点では政治的勢力の配置、各勢力の力関係はまったく現状と異なるものになっているはずである。同時に有権者全体の政治意識と各勢力への支持割合傾向も変わっているはずである。そういう、変革に有利となった状況のもとで、政治の場で民主的な手続きによる決定がなされれば、各項目が掲げる目標の実現への歩みを始められることになる。

とは言え、どれもが大きな課題であるため、すべてを同時に着手するのは困難であり、政治的にも可能であるとは思えない。最初はいくつかの課題にしぼって開始し、その後、段階的に範囲を広げていくべきだと考える。出発点での課題としては、(1)格差と貧困に関連するもの、(2)企業のあり方、働き方に関するもの、(3)農業等に関するものを選ぶのが適切だと思う。現在の状況の延長線上にその状況を考えると、多くの人の賛成が得られやすく、政治的にまとまりやすいところだと思うからである。

(1)の「格差・貧困」に直接に関連するのは、上記の①・②・③および⑥・⑦である。⑥・⑦は「金融・富裕層」に関するものとして別個に論じることにしたい。(2)の「企業・労働」に関するものは、⑨・⑩・⑪・⑫・⑬の5つである。(3)の「農業・農村」に関するものは、⑤の1つだけであるが、背景には、第1次産業の基本政策転換という大きな問題がある。これらの各目標の実現のためにどのような手段が考えられるかは、この章の後半で述べることとし、ここでは既存の政体と新たな政体における経済への関わり方の比較に立ち戻って、その基本的な違いを明示しておきたい。

現代における自由民主主義政体の政治は、国民生活の豊かさと国力の伸長を主な目的として産業政策などを行うとともに、社会の安定や国民統合をめざして福祉政策や労働政策を行うものとなっている。また、新自由主義的政策の導入の下で、資本主義への規制は大幅に緩和し、企業行動の自由を容認するようになってきている。一般的に政府と財界との関係は、「持ちつ持たれつ」の二人三脚的なものとなっている。

これに対して、ネクスト・デモクラシー政体の政治は、既存の資本主義を変革し、企業の行動を強くコントロールしていくことを目ざすものになる。その目的は、より平等な社会、人間的な働き方ができる社会を実現することである。そのために、資本主義というものの持つ不安定性、環境破壊、差別的体質、不平等性などの負の面に対しては放任することなく、根本的な改善を要求していく。その改善および監視は、継続して取り組まれるべきものなので、これらの目的に合った制度・組織・活動およびそれを可能にする政体の仕組みを考えていく必要がある。

2節　貧困をなくすためには、どうすべきか

脱貧困の実現のためには、2つの方向での諸改革が必要であり、有効でもあると考える。第一の方向は雇用の面の制度を大きく変えること。第二の方向は、再分配の面で大きな所得の移動を行うことである。さらに、これらに加えて、外国人に対する搾取を止めさせるために、特別の法律を制定すべきである。

［1］ 雇用の面の制度改革について

雇用の面で有効な制度改革としては、以下の5つがあげられる。

①「非正規雇用」はすべて違法とし、これを利用してきた企業に対しては、それらの人々を正社員としての雇用に切り替えることを義務づける。

当然、労働者派遣業もすべて違法となる。関連して、「有期雇用」という形態も、労働者に不利な条件となるので違法化される。「雇い止め」がすべて禁止されるわけではないが、労働者が不利にならないように厳しく規制されるべきである。

②パートタイム労働と曜日限定のアルバイトは、求職者がその働き方を希望する場合にのみ認められる。

これは、非正規雇用の代替手段として利用されないようにするためである。希望する求職者と企業のマッチングは、公的な職業紹介機関を通して行われる。小規模な小売店、飲食店などについては、地元商店街の運営する職業紹介所を通してのマッチングも可能としたほうがいい。学生・留学生のアルバイト紹介などについても、同様となる。

③日雇・臨時雇という雇用形態も違法とし、これを長年利用してきた業界に対しては労働力のプールを意味する「共同雇用制」による常用化を義務づける。

建設・港湾労働などの業界においては、従来の慣行を引き継ぎ、日雇労働という雇用形態が維持されている。このことは、労働者派遣業とも結合する形で、これら分野の労働者の労働条件を劣悪なものにとどめる大きな要因となっている。この実態を改め、同時に需要の波動性に対応するものとして、企業の集団が共同で労働者を雇う「共同雇用制」が1つの有効な解決策になると考える。その場合、雇われる労働者の労働条件や社会保障は、企業の正社員と同等なものにしなければならない。

④地方の政府および中央の政府は完全雇用を実現する義務を負うことにする。

ある地方でこれを実現できない場合、中央の政府が代わりにこれを実現する責任を持つ。そのためには、通常の職業紹介に加えて、一時的な雇用機会の創出も必要となる。同時に、失業率を減らすため、中央の政府には好景気の実現、地方の政府には地方経済の活性化が努力義務となる。そのため、2つのレベルの市民政府においては、こうした目的での経済のコントロールという役割も期待されることになる。雇用政策とともに経済政策も重要な課題となるわけである。

⑤求人需要と求職活動のミスマッチを避けるために、公的機関における多様な職業教育を行うべきである。

完全雇用の実現のためには、求人・求職のミスマッチ解消も重要な課題となる。そのためには、失業状態にある人が転職希望の職種で必要となる技能を身に付けやすくすることが求められる。現在においても、同じ目的で失業対策としての職業訓練が行われているが、その職種に偏りが見られるなど、十分とは言えない状況にある。なので、システム設計のところから見直しを行い、目的に適う制度にしていくべきである。

また、各個人の進路選択・人生展開の相談に応じられる専門的なアドバイザーの配置も有効な手段になると考えられる。市政府の職員として採用すべきである。

なお、①・②・③は、市政府の行政委員会が責任を持って行うべきである。⑤の職業教育は、地方政府の担当となる。

[2] 所得再分配による脱貧困について

[1]で述べた諸改革によって非正規雇用と失業をなくすことは、貧困に苦しむ人々の数を大きく減らす結果を生むに違いない。しかし、それで全てが解決するかというと、そうはならない。というのは、各種の病気や障がい、日本語能力、家族の形態や事情などによって、低収入を余儀なくされる人々がいるからである。そうした人々には、税制を通した所得の再分配などによって収入を補い、脱貧困のための援助をすべきである。

再分配の方法は、現在の「生活保護」の形態ではなく、所得の不足分を補償する「所得補償」の形態が望ましい。障がいなどによって就労できない人の場合は、「年金」の形で同等水準の所得補償が得られるようにすべきである。これらを受給するにあたっては、担当者の恣意的な裁量によって左右されないようにしなければならない。そのためには、苦情受け付けの窓口やオンブズマン制度による救済の仕組みも必要である。

また、何らかの事情で低収入状況に陥った人にとって、それまでと同じ額の家賃を払い続けることは大変な負担となる。セーフティネットの一部として、無料で住める快適な住居の提供も必要だと考える。

対象者に子供がいる場合には、その子供たちが置かれた状況を改善するための措置も必要となる。これは、コミュニティ全体の課題として取り組んでいくべきである。したがって、地区においても市においても、家族への公的な援助が、行政の中で必要とされる課題の1つになるわけである。

〔3〕 外国人に対する搾取の禁止

5章で述べたように、外国人労働者等への差別・抑圧をなくしていくためにも、その貧困をなくしていくためにも、搾取をさせないことが重要である。そのためには、「外国人労働に関する搾取禁止法」という特別の法律を作り、これに違反した経営者や中間搾取者に対しては営業停止処分または懲役などの厳罰を科するべきである。地方政体の行政機構の中にも、この面の監督と働く外国人の保護を目的とする部局を作る必要があると考える。

3節 企業と労働をよりよいものにするためには、どうすべきか

資本主義経済システムの継続を前提としてよりよき社会を目ざすとき、それを構成する多くの企

業に対してどのような働きかけをすべきかということも大きなテーマとなる。福祉国家段階を経た現代の企業は、基本的にさまざまな法的規制や行政指導のもとに置かれており、表面的には秩序とルールを守って営まれているように見える。しかし、実態を詳しく見れば、利潤の追求と競争のために各種の逸脱行為がなされたり、法による規制の形骸化が進んだりしている。近年は新自由主義的政策の影響もあり、「ブラック企業」の目立つ業界も増えている。総じて、企業へのコントロールは十分なものにはなっていないのである。その一方では、企業の「社会的責任」が唱えられたり、ＳＤＧｓの諸目標実現への貢献が求められたりして、良い企業のあり方への関心が高まる傾向も見られるようになった。利己的動機は抜きにして社会貢献に努める企業はまだ少数であると思うが、こうした傾向になっていること自体は、今後の社会のあり方にとっても悪いことではないと思われる。

まず、企業のあり方をよりよいものに変えていくための諸方策は、以下の枠組みをもとにして考えていくべきだと思う。

①各種の制度による規制
②各産業への規制
③大企業、銀行等に対する規制
④中小企業に対する規制

このように分けて考えていくのは、規制の方法や担当する機関がそれぞれ異なるためである。

③・④は、個別企業への直接の働きかけも含むべきだと思うので、地方政府や市政府を規制の主体にすることが望ましい。一方、①・②は、法案を中央の評議会で決定し、各行政委員会で細部を決めていくことになる。一つの企業が①・②・④または①・②・③という多面的な規制を受けることになるが、それによって実効性のあるコントロールが可能になると考える。ここでは、ローカリズムの視点にもとづき、④・③・②・①の順で説明していこう。

[1] 中小企業等をどのようにコントロールすべきか

現状においても業種別に活動を規制するための法令や基準があり、行政指導のための監督官庁、自治体の担当部局もある。一方で労働問題関連の法律もあり、労働基準監督署などもある。これらによって、企業に対するある程度の規制はなされているのであるが、問題は規制基準の内容のゆるさと、実態における規制の形骸化の危険性である。もちろん、一方には良心的な企業もあり、自発的に良好な活動を続けている場合もあるが、業界や企業によっては相当に悪質な実態となっている場合もある。したがって、後者のケースを防げるような仕方でコントロールすることが求められるわけである。ここから、規制の実効性の確保ということが1つの課題となる。

もう1つの課題は、地元の企業を「まちづくり」・「よき社会づくり」の協力者と位置づけて、社会貢献を求めていくことである。「まちづくり」参加のほうは地方での事例が増えつつあるし、「よき社会づくり」への貢献のほうも、ボランティア休暇制度を実施する企業などの先進的な事例が見られるようになっている。

「よき社会づくり」については、自社の内部における働き方や関係性の面での良い変化を実現することもその中に含まれることが広く認識されるようにすべきである。具体的には、生活と労働のバランス、働き方への配慮による子育て支援、ジェンダーの平等、職場の民主化、労組との正常な関係などが主な項目としてあげられる。これらに積極的に取り組む会社が増えるようにしていくことも、課題の一部となる。

以上のような諸課題に取り組み、規制と推進の実効性を高めていくには、市内すべての中小企業と市が「企業のあり方と活動に関する社会協約」(どんな内容にするかは、この節の最後に書く)を結び、その誠実な履行を求めていくという体制を取るのが有効であると考える。経営者たちの「なぜこんな協約が必要か」という疑問に対しては、よき社会と経済をつくるためには企業のあり方を変えていくことが重要な意味を持つ、と答えればいい。誠実な履行を求める手段としては、内部からの目、外部からの目の両方を通して見るという意味で、従業員と地域住民が参加する個別企業への評価会議を開き、評価を決めると同時にその企業の問題点を話し合うのが最も有効であると思う。併せて、選ばれたオンブズマンによる企業活動の調査と市政府への報告という仕組みを作るのも、コントロールの体制の強化に役立つはずである。これら2つの手段の同時活用によって、実効性のある規制が行われると考える。

協約をもとにした規制の手順においては、従業員・住民によるチェックの機会をどのようにして設けるかが問題である。すべての企業で行うのは無理であるから、年度毎に一部分ずつ行うべきであるが、その対象をどのように選ぶべきか。規制の目的を考えると、抽選によって選ぶ方法と、内部告発や住民からの通報にもとづく方法との併用が効果的であると思う。どちらも、企業に対しては「うちが対象になるかもしれない」という意識を抱かせ、協約を守りつつ活動するように導く効果を持つと思うからである。対象企業の抽選は業種毎に行えば、多様な業種の企業が対象になるようにすることができる。そのことによって、結果的にはサンプリングの意味も持つようになる方法である。

告発・通報にもとづく方法は、実際に困っている告発者や通報者に支援の手を差しのべる効果もあるので、必ず採用すべき方法である。ただし、実施に当たっては、内容の信憑性のチェックや情報源の秘匿など、細やかな配慮が求められる。憶測によるいじめを生まないように、告発があったという経過は知らせずに、抽選で選んだ企業と区別せずに評価対象の企業とすべきであろう。

二つの方法で選ばれた企業に対しては、住民と従業員による企業活動の評価会議が順番に開かれる。ここで、データ・情報に基づく外部評価と従業員の目から見た内部評価が付き合わされて、より信頼度の高い評価表の作成が図られる。その中で見えてきた主な問題点については、必要があれば、追加の調査を行うようにすれば、評価の精度と有効性をさらに高めることができる。

なお、特に問題ある企業が多い業界については、毎年、市内にある3分のⅠの企業に対して上記の評価活動を実施し、3年間ですべての企業をチェックできるようにすべきであろう。各年度への対象企業の割り振りは抽選で決めるのがよいと思う。

評価会議の報告は、市に送られて、市の行政指導のための資料となる。市は、オンブズマンからの報告も見た上で、問題点のある業界および企業に対して改善のための働きかけを行っていく。そのようにして、地元の業界及び企業の良質化をすすめていくという仕組みである。

これは良くない点を見つけて正していく方向であるが、逆に、良い点を見つけて伸ばしていくという方向性も考えられる。

1つの方法は、ある企業が社会貢献のための取り組みを企画した時に、その実現のための費用を市からの補助金として受け取れる制度を作ることである。そういう制度があれば、新しい試みが次々に出てくることが期待される。

2つ目には、地方レベルで公営の銀行を作り、その銀行からの融資という形で社会的に意義のある企業を育てていく方法も考えられる。これは、地方経済の活性化や雇用の増大にもつながるので、有力な案となる可能性がある。

出発点となる「協約」の主な内容には何を含めるべきか。以下の15項目は、とくに必要度が高いと思われるものである。協約のひな型は、これらの項目に属する具体的な規定を盛り込んでいくことによって作られる。

①新しい憲法に含まれる人権条項と企業活動の基本に関する条項の遵守

②当該の企業活動に関連する法律・条例・基準の遵守

⑶環境保護のために必要な行動・措置の実行
⑷安全で健康的な職場環境の維持
⑸働き方と雇用に関する法規と労使協定の遵守
⑹男女の平等、ＬＧＢＴ差別の禁止
⑺障害者の雇用と働きやすい職場の実現
⑻外国人従業員の積極的受入れと差別禁止・搾取禁止
⑼外国人ホステス・風俗店ワーカーへの搾取禁止
⑽外国人技能研修生への搾取・パワハラ禁止
⑾労組活動のサポート。労組活動の妨害の禁止
⑿企業内の民主主義と平等な関係性の実現
⒀地域のまちづくりへの協力
⒁地方の経済政策への協力
⒂地方の職業教育政策への協力

[2]　大企業をどのようにコントロールすべきか

大企業についても個別の協約締結から始まる同様な仕組みを取るべきであるが、企業規模の大きさを考えると、規制を有効にするための追加的な特別の措置が必要であると考える。というのは、

大企業を構成する部分組織の多さと多様性のために、内部にいる人間にとっても全体の動きをとらえるのは難しいからである。この点をクリアーするためには、評価者が役員会と株主総会に参加できるようにする必要がある。評価会議に出る従業員と住民が定期的に開かれる役員会に毎回参加する権利を持つこと、会議の中で自由に質問する権利と時間を与えられることを制度化すべきである。また、株主総会にオブザーバー参加することも同様な意味で有意義であり、問題意識のある一般株主との交流も生まれることが期待される。したがって、株主総会参加も権利として認められるべきである。

[3] 各産業への規制は、どのようにすべきか

資本主義をコントロールしていく上で、各産業への規制はきわめて大事なことである。現状においても、内容を更新しつつ規制が行われているのであるが、業界によっては規制緩和が進み、その悪影響が出ているところもある。

よりよき経済・よりよき企業のある社会にしていくためには、規制の目的を明らかにした上で、産業毎の実態・特徴をふまえた適切な規制の内容・方法を考えて実施していくべきである。その作り方も、現状のように中央の官僚に任せるのではなく、より民主的な方法に変えていかねばならない。経営者たち、現場で働いている人々、近隣の住民、生産物やサービスの消費者、下請け業者、その産業に詳しい学者・専門家などの参加により、適切な手順に従って協議が行われていくことに

より、方法の面でも、結果の面でも望ましいものになると思うのである。

産業別規制が十分に行われているかどうかを、誰がどのようにしてチェックすべきか。企業のレベルでは、先の［1］および［2］に述べた形で行われる。産業全体については、3年に1度くらいの間隔で定期的な点検の会議を開くべきである。その会議の結果をもとに、規制内容の修正・更新が続けられていくならば、規制自体の適切性・有効性も高まっていくことが期待される。

4節　金融資本主義をどのようにコントロールすべきか

現代の資本主義をコントロールしようとする時、最も重要であると同時に最も難易度が高いのは、金融分野の活動・組織の規制である。

［1］　現代の金融資本主義の変容

1980年代からの経済の変動の中で、資本主義の動態は投機的金融資本主義という命名があてはまるようなものに変貌していった。オランダの経済学者ミハエル・クレトゥケ（2002年）は、その変化を以下のように要約して述べている。

「ここ20年にわたって、一種の金融「革命」が起こっている。あらゆる種類の金融派生商品の取引のような、長期の、当初は多少とも無害なありふれたいくつかの金融取引が、変質して、ほぼ純粋に投機的な本性をもった取引になっている。この変質によって、大きな賭けをともなわない傍系的で安定した取引が国際的投機の闘争の場へと転換する。この転換が金融取引のすさまじい膨張をもたらした。こうして、金融派生商品の国際取引量は、1999年までに一日4000億ドルにのぼった。この額は1990年の3倍にのぼっている。1999年の世界貿易の取引額は、年間で70億ドルであるが、これと比べても、いかに巨額なものであるかがわかる。当初問題とされたのは、国際貿易における価格や為替相場の変動リスクに直面して取引を安定化することであった。これに対して今日問題となっているのは、もっぱら投機であり、取引はもっぱらおびただしい量の金融の派生商品と複合商品に向けられている。これらの取引はごくわずかな費用で、あるいはほとんど無料でおこなわれ、しかも─リスクは大きいが─巨額の利益を生み出す。そのために、瞬く間に、投資ファンドや銀行がこの取引に参入した。金融界においては、成功が成功を呼ぶ。その結果、尊敬をかちとった威信のある伝統的な銀行が、公認の株式市場の外部の自由市場で展開される投機性の高い取引につぎつぎと参入するようになる。」(セミナー報告「現代資本主義における金融市場」M・アグリエッタ他『金融資本主義を超えて』所収)

[2] 金融分野の資本主義をどのようにコントロールすべきか

以上のような経過で大きく変化してきた金融分野の資本主義をどのようにコントロールすべきか。まず、考察の前提となることとして、規制の目的について述べておこう。

金融規制の大きな目的は2つあり、1つは投機による金融危機やバブル崩壊の発生を予防して、長期の安定化を図ることである。2つ目は、投機の利得による過大な富裕化を抑えて、格差の縮小を図ることである。いずれも現代社会・経済の抱える大きな問題であり、適正化のためには是非とも解決しなければならない課題となっている。

これらの課題を解決するためには、単に金融資本の各会社を規制・監督することだけでは足りず、金融分野の経済のあり方を根本的に変えていくような変革が必要であると考える。そのためには、株式市場などの金融商品取引市場の性格を変えることを中心とし、これとの関連で、銀行・証券会社・ヘッジファンド等の金融資本を始めとして、保険会社や年金基金等の機関投資家、一般の大企業、職業的な個人投資家、一般の利用者等のそれぞれに対する行動規制を確立していくべきだと考える。

全体の意図は、経済の性格を実体経済中心のものに変えていくことであり、投機的な営みをできるだけ排除していくことである。金融を伴う資本主義である以上、投機やバブルを完全になくすことはできないと思うのであるが、ある程度までは変えることができると考える。そのための規制の努力をしようということである。

改革の具体的方策は、大きく2つの種類に分けられる。1つは、金融商品取引市場の性格を変えていくためのもの。2つ目は、それらの市場に利用者として参加する各種の金融資本、各種の法人、さらには個人投資家、一般市民それぞれの投資行動を変えていくためのものである。これらが組み合わされることによって、上記の目的が達成されやすくなるはずである。具体的には以下の諸方策が効果的なものとして考えられる。

［A］　金融商品取引市場の性格を変えていくための方策

（1）　段階的に、株式市場の1日毎の利用回数を制限していく。

徐々に減らし、最終的には、個人は1日2回まで、法人は1日5回までとする。ただし、どの段階においても、持ち株の急激な値下がりが起きて、損失を抑えるための売り注文が必要になった場合だけは、回数オーバーが認められる。

技術的には「①予めマイナンバー的な利用者登録番号の取得を義務づけること。②注文の回数制限は、コンピューターシステムで自動的に行うこと。③証券会社は、緊急避難の売り注文を含めて、各個人・法人の利用行動記録を保存・管理すること。④この規制への規則違反がないかどうかは、随時なされる証券会社への抜き打ち検査で行われること。」という形で規制が可能となる。

この規制の目的は、株売買の投機的利用をやりにくくして、長期的な資産形成や資産運用を目的とした利用の割合を増やすためである。引き続き投機をしたい人は規制の無い外国の市場に移動するだろうから、市場の利用者数はその分減少することになるが、その程度のマイナスは受け入れてよいと思う。

（2）　商品先物取引市場は廃止すべきである。

この市場は、信じられないくらいのハイリスク・ハイリターンの投資行動の場となっており、理解力の乏しい高齢者をだまして老後資金を奪い取る事例も相次ぐなど、社会的な有害性もきわめて高い。したがって、すべての先物取引市場の即時廃絶を目ざしていくとともに、当面は日本の先物取引会社を廃業もしくは金融業界の別の部門に転業させる法的措置を取るべきである。これによって離職した会社員の場合、転職の可能性は十分にあると思われる。

［B］各種の金融資本、各種の法人、さらには個人投資家、一般利用者の業務や投資行動を変えていくための方策

（1）証券会社は、有価証券の売買の取次ぎ、売り出しの取り扱い、元引受けなどの業務および投資の助言や上記の「株式市場利用行動の記録」保存の業務のみを行う。

デリバティブ商品の取り扱いその他の、90年代以降に加わった業務は行わない。また、投資信託などの金融商品の開発・売り出しは明確にローリスクなものに限って許可される。

（2）銀行は、子会社の設立を通じた証券売買業務への進出は禁止される。

本来の銀行業務以外のことは営業できない。また、いかなる状況においても、実体経済の維持と発展を妨げる行為(例えば、「貸しはがし」など)は禁止される。

（3）保険会社や年金基金などの公益性の高い企業・法人は、自らもハイリスクの投資行動をとってはならない。

また、投機的な性格も持った保険契約・年金契約を勧めてはならない。これらの点も規制・監視の対象となる。

（4）各分野の株式会社は、投機的な性格の投資による資産運用をしてはならない。これは役員会と株主総会を通じて規制される。また、保有する金融資産には高率の課税がなされるべきである。証券の売買によって得た譲渡益への税率も高めるべきである。これらは、税制改正によって実現される。

（5）個人投資家、一般の利用者は、証券市場の一日の利用回数を制限される。年間で計算される譲渡益税も引き上げられる。

一方で、市民の資産運用に関するリテラシーが高まるように、金融面の知識の普及や社会教育にも力を入れるべきである。これは、市政府を通じてなされる。

［C］ 証券取引を監視する機関の創設

上記のような金融関連のコントロールを実効性あるものにするため、専門の行政機関を作るべきである。名称は例えば、「金融商品公正取引委員会」などが考えられる。

具体的業務は、上記の各種の規制に関するものである。加えて、株式の取得を通じた会社の乗っ取りを防止するための機能も持たせることができるのではないかと思う。考えてみたい点である。

5節 〈経済〉評議会の設置

以上、金融の分野の改革について述べてきたが、抜本的な改革が求められるのは、この分野だけではない。構造的な問題が根底にある分野はすべて改革の対象にしていかなければならない。また、働き方の問題、環境保全の問題、職場組織の民主化、差別の問題等々を考えると、変えていかなければならないことは山のようにある。こうした多様な課題に取り組む組織として、中央と地方に「経済改革」のための評議会を設置する必要があると考える。この組織の具体的な仕組みや権限については、第3部で説明するが、メインの評議会と拮抗する強い権限を持たせるべきだと思う。この評議会と、同様に位置づけられる〈社会〉評議会とが、よりよき社会・経済を実現していくための両輪として機能していくことが期待される。

以下では、地方の〈経済〉評議会が取り組むべき課題の一例を取り上げ、論じてみたい。

6節 地方〈経済〉評議会が最初に取り組むべき課題

[農村部の地域経済の構造を変える]

地方〈経済〉評議会の果たすべき役割の1つとして、農村部における地域経済の構造を変えるという課題に取り組むことがあげられる。その変革の方向性は、地域の経済のあり方を外部依存的なものから地域内循環的で自立的なものに変えていくことである。この方向性を持ったビジョンとして、企業家でNPOの役員でもある松尾雅彦が提唱した「スマート・テロワール」構想があるので、紹介してみたい。

「私は日本の1700余りの市町村を三つの層に分けることで、新たな地域単位を発見しました。『大都市部』、『農村部』、『中間部』の三層です。(中略)農村部は、市町村の人口の少ない方から累積した、約4300万人の地域です。(中略)さらに、農村部4300万人を自然環境や歴史的なつながり、郷土愛、そして現在の経済圏など地元住民から見て一体感のある地域にゾーニングしてみましょう。そうすると、農村部自体が全国で100~150ほどの自然な小地域に分けることができます。人口で言えばそれぞれ10万人程度から最大70万人ぐらいとなります。つまり、約100~150に分かれた農村部は住民が一体感をもって、将来目標を戦略的に選択できる新しい経済圏になるということです。そして、農村部が広域連合を形成し、経済圏ごとの政策を立て、地域色に合わせ独自の自給率目標を立てることができます。」(『スマート・テロワール――農村消滅論からの大転換』2014年)

この自給圏では、食料・住宅・電力などの地産地消が目ざされる。同時に、原材料生産から中間の加工、完成品の製造・販売という産業連関の創出が目ざされ、大きな鍵となる。これが、地元産業の振興、雇用の増大による人口増、さらにはコミュニティの再生にもつながるという構想である。

多くのデータによって示されるように、日本の農村地帯で見られるのは、「①農業界は素材を大量に作り、県外に売っている。②外に売った収入より、支払う支出のほうが多い。③移出入に莫大な流通経費（エネルギー）を使っている。」（同上）という現実である。大量生産・販売によって利潤を追求する資本主義の発展は、日本全国の農村部を原料の生産地と労働力の供給源に変え、その長期的な衰退をもたらしてきた。その結果は、農村部全体の人口減、休耕地の増大、食料自給率の顕著な低下という各側面の変化となって現れている。

スマート・テロワール構想は、こうした構造的問題を解決しながら、新たな農村部コミュニティを構築しようとするものである。ビジョンの具体像を示す部分では、水田の畑地への転換から始めて、大豆やトウモロコシを増産する輪作の開始、農業と畜産業の連携、食品加工場の開業などの具体策が語られる。確かに、この方向に進めば、食料自給率の上昇および農村人口の増加など、これまでの農業と農村の様相を一変させるような変革が可能であると思われる。

各地方の〈経済〉評議会は、それぞれの地方および広域連合の実情に合わせて、こうした方向での農村部の改革を実現させていくべきである。

第8章　政策集団制と政権交代の制度

はじめに

3章では、「主権の政治」概念に代わるべきものとして考案した「公共性の政治」概念を提示し、これを新たな政治観の理念として位置づけた。

この章では、別の角度から見た政治の基本問題を4つ取り上げ、論じていきたい。1つは、党派的集団の発生の可能性、2つ目は、「結社の自由」を憲法上の基本権として保障した上で、政治結社の役割をどう規定すべきかという問題、3つ目は、多数決・全員一致などの決定方法に関する問題である。これらは政治学における「熟議デモクラシー論」対「闘技デモクラシー論」の論争と関連のあるテーマなので、その論争の核心部分に関する考察から始めていきたい。最後の4つ目は、新政体において「政権交代」の可能性をどのようにして保障するかという問題である。有権者の意思を反映しやすい政治にしていくという視点から、この問題についても明確に答えていきたいと思う。

1節　「政治的なもの」の視点からの考察

3章で政治の基本概念を「主権の政治」から「公共性の政治」に変えるということを述べた。もし、第2部でこれまで述べてきた方向で政体が変わり、それにつれて人々の意識も変わっていくなら、そこで営まれる政治の質も「公共性の政治」の名に値するものに変わっていくだろう。

しかし、ここで考えてみたいと思うのは、それによって果たして、今日「政治的なもの」という言葉で表現されているような、政治というものの本質的特徴も消滅すると期待できるのかという問題である。つまり、「友と敵」の対立関係にもとづく「抗争の政治」から、敵のいない「合意の政治」に変わっていけるのかという問題である。政治学者のシャンタル・ムフは、この問いに否定的な見解を示し、次のように述べている。

「政治的なものについてのこのような理解（カール・シュミット的な考え）は民主主義的な企図とは正反対のものだと断言する、ハーバーマスをはじめとするすべての人に反対して、以下のように提起したい。友／敵の区別が可能性としてではあれつねに現存していることと、政治がその本性上、対立をはらむことを強調するシュミットの議論は、民主主義政治の目標を認識していくうえで出発点になる、と。『政治的なもの』をその敵対的な次元において承認することで、民主

主義政治にとって中心的な問いがようやく提起できるようになるのだ。」(『政治的なものについて』２００５年)

この点については、私も同じ考えを持っている。ムフらが言うように政治はその本性において情動と切り離せないものであることに加えて、近現代においては各種のイデオロギー的対立も絡むようになっていることや、多数決を原理とする民主政治においては数の力が強く働くことなど、いくつかの理由から見てそう判断せざるをえないからである。「熟議デモクラシー論」を唱える人々は「合意の政治」の可能性を信じ、あるべき民主政治を説くのであるが、その議論はこうした問題を解決できるほどの十分な説得力を持ちえていないと思う。

これに対して、「闘技デモクラシー論」の立場をとるムフは、民主主義の理論家と政治家の任務は次のようなものであるべきだと言う。

「たがいに異質でヘゲモニーを争う複数の政治的プロジェクトが対決するような、論争のための、活気に充ちた『闘技的な』公共領域の創造を構想することが任務になるべきなのだ。」(同書)

「ヘゲモニーを争う政治的プロジェクト」を持つ異質なグループ同士が政治参加の意思を持って公共空間で出会うとき、そこではルールに則った言論の闘いが必ず発生する。その闘いは相手を打ち倒すためのものではなく、多くの参加者の支持を得て、望ましい決定を勝ち取るためのものである。その時、議論は闘技的なものとなり、公共空間は知的なアリーナとなる。……というのが、闘技デモクラシー派の人々が是とする民主政治のイメージであると思う。

私は、基本的にはこうした主張を展開する闘技デモクラシー論に賛成するが、同時に2、3の留保条件を付けたいと思う。一つは、公共の空間において「合意の政治」が必要な場合もあるので、その区別が必要だということである。もう一つは、対抗者の間の政治が「分断の政治」になってしまわないようにするには何が必要かを考えるべきだということ。3つ目は、党派的な集団と個人の関係である。多様性を尊重すべきと言うなら、個人のレベルまで多様性を認めるべきではないか。その上で、党派的な集団は、さまざまな差異を持ったメンバーの集合体として認識されるべきである。3章で述べた「公共性の政治」の理念に立ち、この点を重視していきたいと思うのである。

闘技vs熟議の論争に関連して、新しい政体の構想で考えてみるべきと思うことの一つは、政党制の廃止にもかかわらず発生する可能性がある党派的対立にどう対処すべきか、ということである。また、もう一つは、各レベルの評議会および市民同士の話し合いにおける議論・決定の方法に関する問題である。自由民主主義政体においては政党間の議論を中心とし、通常は議場における多数決によって決定がなされるが、新しい政体ではどのようにすべきか。まず、党派的な集団への対処の問題から考えてみよう。

2節　政策集団としての活動の承認

すでに述べた市レベルの評議会においては、党派的な集団の発生は必然的であるとは思わない。

というのは、市政府の果たすべき機能の性格から見て、ムフの言う「複数の政治的プロジェクトの対決」というほどの抗争とそれを通じた持続的な対立は起こりにくいと思うからである。これに対して、後述する地方評議会および中央評議会においては、そうした抗争・持続的対立が起こる可能性は十分にある。実現すべき政治的プロジェクトや選ぶべき政治的方向性をめぐって、論戦が交わされる場にならざるをえないからである。

この認識を前提にした上で考えるべきことは、その対立をどういう方向に導くことが民主政治にとってプラスになるかという問題である。私は、議会内の政策集団が複数形成され、それぞれが集団内部での議論や研究活動を行っていく形になるのが望ましいと思う。そのことが政治の質を高め、各議員の能力を伸ばすことにもなると思うからである。

しかし、それらの政策集団がしだいに政党的なものに変質していく危険性はないだろうか。もし、何の規制も加えずに放任しておけば、政党化する恐れがあると予想する。そうさせないためには、以下のような規制が必要だと考える。

第1に、各政策集団の結集軸となる政策は1つだけにすべきである。

第2に、集団の活動は、その評議会の内部だけに限定されるべきである。

第3に、政策集団は、評議会などの選挙の時に選挙活動をしてはならない。

第4に、その政策課題について評議会の決定がなされた時点で、各政策集団は解散すべきである。これにより、集団の存続期間は限定されたものとなる。

第5に、政策集団の結成・解散の時期、所属メンバー、主な活動の時系列にそった記録が保存され、公表されなければならない。

3節　政治的決定の方法について

「政治的なもの」の本質についての認識を前提にしつつ、「公共性の政治」という理念の実現も意図しながら考えていくとき、各種会議における議論と決定の方法は以下のようにすべきであると思う。

［1］　評議会と執行委員会における議論と決定方法

評議会における議論は政党間のものではなく、議員間または政策集団間のものとなる。「議員間」というのは普通の討論会と同様に、ということであるが、「政策集団間」というのは、ディベートと同様に同意見の集団を編成して、集団対集団の関係で議論することを意味する。集団を政党の代わりと考えれば、今の議会政治のやり方をもとにしてイメージしやすくなるだろう。多くの場合はよく議論してもコンセンサスに至ることは難しいので、話し合いの基調は闘技民主主義的なものとなるはずである。決定方法は、記名投票による多数決にすべきである。

各レベルの市民政府にあたる執行委員会においては、政策集団間の議論ではなく、執行委員としての個人間の議論が行われる。決定方法は、議論を尽くしての全員一致が望ましいが、合意が難しい場合は多数決となる。各種の行政委員会などについても同様である。

[2] 地方代表者会議と広域連合における決定の方法

地方代表者会議(中央レベルの組織)と広域連合(地方レベルの組織)については第3部の2章と3章で述べることになるが、いずれも連合体としての性格を持つ機関である。こうした機関の公式の会議の場合には、全員一致の決定方式をとるべきである。

決定方法が全員一致であるならば、議論の仕方は当然、熟議デモクラシー論の勧めるものとなる。合意を目ざして、納得のいくまで議論が続けられていくわけである。議論を尽くしても合意が得られない場合にはどうなるか。各メンバーには拒否権があるのだから、その議題に関しては決定できないことになる。そうなれば、その後の展開は、単にあきらめるか、発想を変えてまったく別の解決方法を考えていくかのどちらかになるだろう。いずれにしても、多数派の考えに近い形で結論が出てしまう現在の民主政に比べれば、少数者にもやさしい民主政が実現できるはずである。

[3] ハーバーマスの「2回路モデル」論と、その適用について

ハーバーマスは、市民社会(A)と政治(B)をどう結び付けるべきかという問題意識に立ち、前者の領域の「インフォーマルな熟議」と後者の領域の「フォーマルな熟議」を連関させ、有機的な仕

方で結びつけることを提唱した。なぜなら、「政治システムがうまく機能するのは、政治が市民社会からのインプットを受け入れる多くの通路を持ち、市民社会からのインプットが政治のアウトプットに影響を与えられる時だけだ」と考えるからである。ハーバーマスは、この影響関係を強めるためには、民主主義は既存の1回路モデルではなく、2回路モデルであるべきだと主張した。つまり、従来の〈選挙→議会→執行〉というフォーマルな回路の他に、何らかの新たな仕組みによるインフォーマルな回路を作り出し、2つの回路を結びつける制度にすべきだということである。

この考え方は、政治における直接民主主義的な要素を強めるものであり、ネクスト・デモクラシーにおいても活かせるものであると考える。したがって、地方の政体、中央の政体の構想の中に活用すべき制度として取り入れていきたいと思う。

その場合に付け加えなければならないと思うのは、決定のプロセスはどうするかという問題、および2つの回路から出された結論に大きな差が見られる場合にどうするかという問題である。

適切なプロセスは、まずインフォーマルな回路で議論し、その結論を参照しながら、フォーマルな回路で話し合い、決定するというものだと考える。前者の成果を生かしつつ、最終決定には正統性を持たせることができるからである。しかし、両回路の結論が対立するものになった時には、どうすればいいのだろうか。これを正しく解決するためには、インフォーマル回路の会議への参加者たちがこの政策課題についての住民投票の実行を要求できるという制度を付け加えるべきだと考える。

詳しいことは第3部で説明するが、分権的な制度の中で発生しがちな部分同士の対立を最終的に住民投票で解決するというパターンは、新たな民主主義の確立のためにも多用すべきだと思うのである。

4節　政治結社の活動と役割について

1節で述べたように、自由民主主義政体では中心的な役割を与えられていた政党は、新政体においては禁止される。しかし、議会外で活動する政治結社は、禁止されるべきではなく、むしろ推奨されるべきであると考える。結社の行うであろう各種の活動を想像してみると、いずれの活動も、民主主義の発展のためにはプラスになることが予想されるからである。

まず、思想集団の性格を持つ結社が考えられる。この場合、それぞれの結社が自分たちの思想を普及しようと努めることは容易に予想される。それが1つだけなら危険であるが、いろいろな結社が同様に活動していくなら、働きかけられる個人のほうは多様性の中で考えを深めていけるし、その中で得たものを参考にしながら、投票行動を決めていくことが期待される。

政策集団の性格を持つ結社の場合も、同様なことが期待できる。その結社が、ある政策への支持を求めて講演会などを開いて、詳しく解説するならば、参加した個人のその政策への理解度は飛躍的に高まるだろう。この場合も、他の結社の主張にも耳を傾けてみることが有益な結果をもたらすことになる。

革命集団の場合は、どうか。これは、反革命的な性格のものや民主政治の否定を目ざすものである場合は、好ましいとは言えない。しかしながら、思想の自由を重視するという視点から、それらについても、存在を認めるべきだと考える。

よりよき政治を目ざしていくには、常に政治について考えていくことが大事であり、思考停止に陥るのが一番よくない。そういう意味で、結社の自由、思想の自由は、個人にとってだけではなく、社会全体にとっても重要な意味を持つものであると考える。

5節　政権交代の可能性の保障

選挙の結果によって政権交代が起きる場合があるという点は、代議制民主主義の長所であると考える。少なくとも、民衆に不人気な政権の早期退場を促すという効果はもっており、それは重要な意義を持っていると思うからである。したがって、新たな政体においてもこの点は引き継ぐべきであると思う。しかし、引き継ぐとした場合には、政党政治の廃止を前提として政権交代の仕組みを考案するという新たな課題に取り組まなければならない。どうすればいいのだろうか。

その答は、「政治的なもの」について論じた中で存在を認めた「政策集団」の活用の中に見出すことができると考える。ここでは、アイデアのアウトラインを示すにとどめるが、以下のような仕組みを作ればいいと思うのである。

中央の執行委員会、つまり現在の内閣にあたるものを最終的に列島の全住民が参加する普通選挙で選ぶようにする仕組みを作る。その流れは以下のようなものである。

まず、中央の評議会における選挙によって、3つか4つの次期執行委員会の候補者グループを選ぶ。これは、予備選挙のようなものである。各候補者グループは、複数の主要政策を共通して支持する人たちの集まりという意味で「政策集団」という性格を持っている。最初の段階では、各集団の核になる議員たちが働きかけを行い、調整の過程を経て、いくつかのグループが作られる。次の段階では、中央の評議員を対象として演説会、討論会などで支持者獲得の活動が行われ、最後に候補者グループを絞り込むための評議会が開かれる。ここで選ばれた3つか4つの候補者グループが、次は列島の全有権者を対象に長期の選挙活動を行い、最多の得票を得たグループが政権を獲得する。1回では決まらず、フランス大統領選挙のように、1位と2位の決選投票というケースも生じると思う。

このようにすれば、評議会制を基礎にしつつ、全有権者の民意による政権交代が可能となる制度が実現できるのではないか。また、長期の選挙戦を通じて、有権者の政治的関心も大きく高められると思うのである。いずれの面でもきわめて重要な効果が期待できるので、政体の構成要素にすべきであると考える。

よって、ネクスト・デモクラシーも、政権交代の制度を備えたものにすべきである。

第9章　「国家」という観念を消滅させる

はじめに

もう1つの課題である「国家観念の廃絶」については、どう考えるべきか。これについては、まず、課題そのものの明確化が必要であると思う。つまり、①廃絶するのは、国民国家の観念に限るのか、それともすべての国家観念を対象にするのか。②国家観念の廃絶には実体面の変化を伴うべきであるが、目ざすべき実体の変化は国家の政府の消滅（無政府）なのか、代置（例えば、市民政府的な政治機関に置きかえること）なのかを明らかにしておくべきだということである。

[1]　いかなる意味の「廃絶」なのか

ネクスト・デモクラシーにおいては、国家という観念および実体（この性質を帯びた政治機構・行政機構の総体）を廃絶すべきだと考える。廃絶すべき対象は国民国家だけではなく、すべての種類の国家である。理由は、国民国家に限らず、国家というものは本質的に支配の安定化のためのものであり、主権の政治を正統化する権威となるからである。この点を見れば、国家というものは本来、民主政と相容れない性質を持っていると言える。

次に実体の変化であるが、主権の政治にもとづく国家の支配に代えて、公共性の政治が行われる自治的な政治社会を実現すべきだと考える。そこでは、集団としての意思決定と、それに基づくさまざまな行政活動も必要とされるので、意思を決定していく過程と決定されたことを執行していく過程を結合するための政治機関も必要となる。したがって、第2の問いへの答は、他のもの＝市民政府による代置を目ざすということである。

主権という政治概念についてもそうであるが、特に国家観念の廃絶という目標の実現のためには、意識領域での転換を唱えることだけでは足りないと考える。同時に実体領域での変化が始まり、進んでいかなければ、人々の意識に染みついた国家観念が消えることは望めないと思うからである。以下においては、この視点を持ちながら、国家観念の廃絶の方法について考えていくことにする。

[2]　参照事例1：松下圭一の提唱

国家観念や国家という用語の廃絶という主張は、日本においても1970年代にすでになされていた。1つの例として、松下圭一の所説を紹介してみよう。以下は、「公共概念の転換と都市型社会」(『公共哲学10』2001年)の主な内容を要約したものである。

「現代において、政治の基礎概念が国家観念から公共観念に変わってきた。なぜなのか。これは、歴史的に長く続いてきた農村型社会が、現代になって都市型社会に変化してきたためである。後者においては、市民の相互性としての公共観念が発達し、国家観念は『公共』を独占しえなくなってくるのである。」

「農村型社会に対応するのは、中央集権国家である。中央集権国家は、〈近代化〉への過渡媒体だった。近代化が成熟すると、分権改革が進み、国家観念が崩壊していく。」

「1975年から国家という言葉を使うのをやめようと提案している。国家観念を市民と政府に分解し、政府も自治体・国・国際機構へと三分化する。そのとき、各政府は『公共』としての市民ないし市民社会の道具にすぎないという位置づけになる。」

松下の場合、国家観念の崩壊傾向は、経済発展にもとづく農村型社会から都市型社会への変化がもたらすものとして捉えられている。松下は市民社会論に立ち、都市型社会への転換の下では自立した諸個人が公共性の感覚を持って政治に参加する傾向が強まると考えていた。そのため、自然の流れとして国家観念は廃れていくのだという楽観論にもとづく主張になっているのである。

そうした限界性はあるものの、「見方を変えれば、国家などという実体はどこにもない。あるのは、市民社会の道具としての各レベルの政府があるだけだ。だから、国家という言葉を使うのは、やめよう。」という主張は、意識の転換の呼びかけとしては、有意義なものであったと考える。その点は、評価しておきたい。

［3］　参照事例2：福田歓一の提唱

もう1つの例は、第1部の「国民国家の問題点」で参照した福田歓一による提唱である。以下に引用するのは、1985年にパリの政治学世界会議で語った報告の要約である。

「国家に関して20世紀に大きな変化が起きた。1つは国家の普遍化、もう1つは国家の名目化である。名目化とは、第2次大戦後に独立した多くの国家は、19世紀のモデルが典型として示したような実体（註：安全保障などについて、独自の意思で決定しうる主権国家としてのあり方）をもはや持っていないということである。一方、ヨーロッパでは、国際組織EUの前進に加えて、国内少数者集団の自主自立への熱望が高まっている。今日では、さまざまな政治体の中での国家の役割は相対化しつつあるのだ。国家の19世紀モデルにおいて第一位の役割とされてきたのは、安全保障の供給だった。しかし今や主権国家がその役割を果たすに十分であるとは、誰も信じていない。この核時代においては、アメリカ・ソ連も例外ではない。というのは、安全保障の手段は伝統的な意味での防衛ではなくなり、不安定な抑止にすぎず、自国民及び人類全体の絶滅にも導きかねないものになっているからだ。

もう1つ、現代において重要性を増してきているのは、エスニシティの問題だ。この新しい用語の利点は、民族の自主自立の問題を国民国家の19世紀モデルから切り離すことにあると思われる。私は、この新しく認められるようになった存在に、諸政治社会、少なくとも政治体から成り立つ世界体制のうちに、ある種の政治的秩序としての地位を与えたいのである。

そこで、2つのことを提案したい。われわれ政治学者は政治体一般を指す独占的な用語として、国家という言葉を使うことをつつしむべきだ。帝国、国民国家、都市共同体、民族をすべて包括する用語としては『政治社会』を用いたほうがいい。同時に単に政府に過ぎないものを『国家』と呼ぶべきではない。はっきり政府と呼び、地方政府、全国政府などと使い分けるのがよい。

人類の政治秩序の諸概念を再構築することは、我々が人類の未来に光明を求めるのに避け得ない課題なのである。」

短い報告なので、用語使用をやめるべき理由のすべてを論じてはいないのであるが、福田は主権国家という概念の危険性、有害性を明確に認識しており、それが前提になっていると見るべきである。つまり、平和な世界の実現のためには「我が国」という意識は消滅させていくべきだという考え方であると理解できる。

福田は20世紀後半の世界において、この意識転換＝国家観念の廃絶のために有利な状況変化が進みつつあると見ていた。それは、各国内部でのエスニシティの自立化の動き、EUの発展・進化、冷戦構造の下での核兵器による不安定な抑止体制の問題化などによるものである。もともと国民国家は幻想の共同性にもとづく擬制の体制にすぎないが、これらの状況変化により、ますます名目化と擬制化を強めているではないか、というわけである。ならば、この擬制化を覆い隠す国家という用語の使用はやめよう、というのが、福田の主張であった。

福田の国家観念廃絶論も、基本的には松下と変わらない。見方を変えれば、各レベルの政府があり、各種の活動が日々営まれる市民社会があるだけなのだから、近代に始まる国家という古くて有害な観念は捨ててしまおう、消滅させようという主張である。そのアプローチとして、福田が当時起きつつあった実体面の変化を根拠としてあげながら、意識の転換を呼びかけていた点には独自性があり、評価できる。また、当時の国際社会に向かって、国を持たないエスニシティも独自の政治的秩序として認めようという具体的な提案をしたことも高く評価できる。

〔4〕 どのようにして、国家の観念を消滅させるべきか

以上の二人の主張について、全体的に評価できると思う点、不足していると思う点は、以下の事柄である。

①評価すべき点：1つは、当時におけるいくつかの変化のうちに、国家観念の消滅の可能性を見出していたことである。2つ目は、両者がともに代替のものの発展(市民社会と公共的政府)または進化(エスニック集団も単位と認める国際政治秩序へ)によってこの観念が消滅に向かうと考えていたことである。

両者に共通しているのは、それまでの国家死滅論とは異なる、問題解決への新たなアプローチを示したことである。その点は評価しておきたい。

②不足していた点：国家観念消滅の歩みを確かなものにするために、実体の面で何をすべきかについての考察は不十分だったと言える。両者ともに、自由民主主義政体と、国民国家の集合体であ

る国際連合を基本の枠組みとしながら、その下で国家観念の消滅が可能だと見ていたのであるが、この判断は誤っていたと思う。実際に松下の提唱から約50年後の今日でも、国家の観念は変わらずに独占的な位置を占めている。同様のアプローチを続けていては、今後の変化も期待できないと考える。

では、どうすべきなのか。国家観念の廃絶を実現するためには、以下の方向で取り組むべきであると考える。

（1） 政体の変革が成功した後、国家に関する意識領域の変革（A）と実体領域の変革（B）に同時進行の形で取り組む。実体領域の変革は、政体の変革（B1）に加えて、内政面の変革（B2）と外交面の変革（B3）に分けられる。

（2） 意識面の変革のためには、次のことをする。（A）

①脱「国民国家」を内外に宣言し、今までの「国」はなくなって、全住民の「政治体」に変わったことを告げる。

②新しい憲法は、国や国民という表現を全く使わずに、政治体を動かしていく政体の仕組みや、すべての住民の権利を表したものにする。

③学校教育の中で、ネクスト・デモクラシーと新しい社会観、政治観、歴史観を教えることにより、国家についての意識改革を促進する。社会教育でも同様にする。

（3）　実体―内政面の変革のためには次のことをする。（B1とB2）
①公共性の政治を可能にする新たな民主政体を樹立する。
②新しい政体の下での政治が始まった後、政体の各部分の確立と各側面の充実に取り組む。
③全体を通じて、参加民主主義の強化・有効化に取り組む。
④ローカルな政治の自立性・自治性を強め、中央集権の時代の痕跡を完全に消滅させる。
（4）　実体―外交面の変革のためには次のことをする。（B3）
①国際社会に向かって、国家であることをやめたことと、主権国家としての戦争の放棄を宣言する。
②日本国憲法の前文と9条の考え方を継承し、完全な非武装平和主義の追求を基本政策として定める。
③日米安保条約を破棄し、集団的自衛権の永久不行使を宣言する。
④あらゆる国際間対立に対して、中立の立場を守ることを宣言する。
⑤領土問題にはこだわらないこと、ただし、住民や漁業者の命と生活を守っていくことを宣言する。
⑥近未来において非武装を実現するため、毎年、軍縮を実行していく。
⑦非核保有国と連帯し、全世界における核兵器の廃絶を追求していく。
このように政体と政治の変革が進み、真に自治的な社会が生まれて、平和主義が確立した時、国

家の観念は完全に無用なものとなり、消滅する。同時に多民族共生のための政治に変わる時、国民国家の観念は有害なものとして退けられていくに違いない。

上記の外交面での変革の内容は、政体論を超えて基本政策の内容まで踏み込んだものとなっているが、国家ではなく、住民一人一人の生活・生命のための政治にするという目的から言えば、戦争と無縁な政治を目ざすという目標は当然のこととして認められるに違いない。自由民主主義政体とは正反対に、ネクスト・デモクラシーの下では、これらの内容も当然の要請となるのである。

第3部　新たな民主政体のビジョン

はじめに

ここでは、第2部までの考察をもとに、よりよき政治・経済・社会を可能とする新たな民主政体のビジョンを構想することが課題となる。この課題に取り組むにあたっては、以下の4つの問いを念頭に置き、それらに十分に答えられる仕組みを考えていこうと思う。

問1　よりよい民主主義にするためには、どのような民主政体にすべきか。
問2　よりよい社会をつくる機能を持たせるためには、どのような仕組みを加えるべきか。
問3　よりよい経済をつくる機能を持たせるためには、どのような仕組みを加えるべきか。
問4　国家の観念を消滅させるためには、どうすべきか。政治の基本的な考え方(「主権の政治」概念を指す)を変えるためには、どうすべきか。

最後の問いは、実体の変革の面で言えば、「徹底した分権・自治の政治に変えるためには、どうすべきか」という問いに置きかえられると思う。なので、ここでは、問1に含まれる1つの要素として、このことを考えていくことにする。

問1・問4の答となる民主政体の骨格を形作るにあたって、私が基本方針としたものは以下の4

つである。
①政体の中軸に、「評議会制」のシステムによる議員の選出制度を置くこと。自由民主主義の主軸になった政党政治は、終わりにすること。
②小さい政治・行政単位における民主政治の意義を重視する「ローカル・デモクラシー」の考え方にもとづいて全体を組み立てること。
③各種の「参加民主主義」的方法(市民の直接参加を可能にするもの)を地区・市・地方・中央の各レベルの政体に取り入れて、市民と政治の距離を近づけること。
④これまでのデモクラシーに含まれる、いくつかの良い点(政権交代の制度、権力分立など)を継承すること。

最後の④は部分的なものにとどまるので、大きな柱は①から③までの3つであると言える。基本骨格は別として、細部の要素について既存のデモクラシーの中にあるものを継承したところもいくつかある。悪いところは改め、良いものは何でも受け継ごうということである。

問2と問3への答は、2章「地方の政体」および3章「中央の政体」の中で示される。それらも、民主政体を構成する大きな要素となるはずである。

第1章　市(郡・区)の政体と地区の政体

この章では、日常の生活圏に対応する政体として、市(郡・区)の政体に関する構想を述べる。その中には、第2部で述べた地区の政体に関する構想も含まれる。それぞれは分権・自治の原理によって自立性を持ちながら活動していくのであるが、全体が円滑に機能していくためには、行政の面で緊密に連携していくことが必要となる。そのため、全体の仕組みを考える場合には、自立性と連関という2つの面への配慮が求められる。

【1】 政体の基本的な仕組み

まず、行政区画としての市(郡・区)と地区の関係を確認しておきたい。

都市部における地区は、中学校区の規模を想定すると、人口が数千人から2、3万人くらいまでの場合が多い。市(区)の人口も多様であるが、30万人程度の市(区)を考えると、20から30くらいまでの地区に区割りされることになる。一方、農村部の場合は、郡が基礎自治体となり、郡に含まれる町・村がそれぞれ1つの地区となる。生活圏の範囲およびコミュニティとしてのまとまりから考えると、それが適切な区割りであると考えられる。

市(郡・区)には、議決機関としての市(郡・区)評議会が置かれる。また、行政機関としての執行委員会と各部門の行政委員会および事務局が置かれる。評議員は、どれか1つの行政委員会の委員となる。また、執行委員は、いずれかの行政委員会の委員長となる。

市評議員の選出方法は、2部5章で述べたとおり、政党の関与しない普通選挙である。執行委員は、評議員会で選ばれる。地区委員は、それぞれの地区の内部で、普通選挙によって選ばれる。委員長は委員の中から互選で選ばれる。

[2] 市評議会と地区委員会の関係

市政府・評議会と地区委員会は相補的な機能を持つものであり、行政分野ごとに緊密な連携を保って運営されていく必要がある。市政府と地区委員会の連携は、下記に述べる各行政委員会を通じて行われる。一方、市評議会には各地区委員会の代表が出席し、関連のある議題において随時発言できるようにする。また、地区間の協議や調整が必要と認められた場合は、出席している代表者たちだけの会議を開き、顔を合わせて話し合い、地区同士の連帯感をもって決められるようにする。そこで決まったことを評議会も了承するという形にすべきである。また、こうした形で地区住民の意思が市政に反映されていくことにもなるので、コミュニティ政治の活性化にもつながると考える。

[3] 市政府=執行委員会と行政委員会

市政府は、市評議会によって執行委員会として選ばれる。執行委員長と副委員長は執行委員の互選で選ばれるが、緊急対応の場合などを除いては、特別の権限を持たない。

市政府は、徹底した分権的体制の下で、市民生活のすべての面に関する行政活動を行い、政治的責任を持つ。また、地方政府とも連携しつつ、各種の行政活動を行っていく。

市政府には行政部門ごとにそれを統括する行政委員会を置く。各委員会のメンバーは、半数が市評議員の中から選ばれる。半数は、その部門に精通した公務員が選ばれる。

[4] 各政体の基本的役割

地区政体の主な役割は、「小さな自治」が行われるようにすること、公共機関利用の利便性を高めること、住民の声が市政府や市評議会に届きやすくすること、市民主導のまちづくりを促進すること、そして、コミュニティの再生を促進する効果を生むことである。

一方、市政体の主な役割は、市民の日常生活の基盤となる多様な公共サービスを充実させること、現代が生む様々なリスクに連帯して対処できるようにすること、よりよき経済・社会への改革のために市のレベルで取り組めることを実行していくこと、市民主導のまちづくりに協力しつつ、住みやすく魅力ある市を作っていくことである。

[5] 地区委員会の権限

自治組織として地区委員会が決定・運営の権限を持つ領域は、都市部においては、以下の6つとする。農山村部においては、この他に⑦産業分野：農林業(または水産業)の支援が加わる。

①教育分野：保育園・小学校・中学校
②福祉分野：高齢者・障がい者・基準以下の低所得者
③文化分野：図書館・文化活動・スポーツ
④保健分野：感染症関連の行政サービス、在宅医療の支援
⑤防災分野：避難訓練・各種防災点検と市への報告
⑥まちづくり分野：まちづくりの支援・行事の企画と開催

⑥については、住民が主体となる「まちづくり」、イベントづくりにすることが望ましい。それによって、コミュニティの再生を促すような質の活動となっていくことが期待されるからである。

[6] 地区の政体への住民参加

第2部4章で述べたように、民主政治への参加の意欲は、きわめて低い人たちから、きわめて高い人たちに至るまで、個人差が大きいと思われる。それはやむをえないこととして認めた上で、で

きるだけ多くの人に何らかの形で参加してもらえるようにする一方、参加意欲の高い人たちには、満足度の高まる参加のし方ができるように配慮すべきである。まず、基本的には、以下の方針が実現されなければならない。

①地区委員は、住民による直接選挙で選ばれるようにすること。

②地区委員会の定例会議は、公開にして住民が自由に傍聴できるようにすること。

③年に1回、住民集会を開くこと。ここでは、活動報告・決算報告と質疑応答、活動計画と予算案の議決などが行われる。不参加の個人には、事前に議案書を配布することにより、各議案への賛否を問うことができる。

④まちづくりなどの事業計画を決めるにあたっては、何らかの直接民主制の方法で住民全体の意思を把握しつつ決めるようにすること。

⑤日常的にも、住民と地区委員たちのコミュニケーションがより頻繁に行われるようにすること。

⑥地区間の調整や連携は、地区代表者会議と市評議会の協働で行われるようにすること。決定の方法、プロセスはトップダウン型からボトムアップ型に転換すべきである。

この他に、誰もが参加できる方法として、各種のアンケート調査への回答やイベントの実行段階への参加などが考えられる。意欲の高い人に対しては、まちづくりのアイデア募集への応募、傍聴後のアンケートに感想・意見を書いてもらうこと、さまざまなテーマで話し合うワークショップに参加してもらうことなども考えられる。外国人住民が多い地区においては、交流のイベントや地区での生活についての話し合いなども、有意義な活動になると思われる。

【7】 市の政体の機能

市の政治と行政は、市民生活全般に関するものである。現代社会においてその具体的な機能は多岐にわたっているが、大きくまとめてみれば、以下のようになる。

①ライフライン諸機能②社会福祉③保健衛生④防災・防犯⑤教育・文化面⑥雇用・経済面⑦多文化共生のための活動⑧居住環境整備と土地・建物⑨都市計画⑩市財政⑪自然災害や各種の事故対応

ネクスト・デモクラシーにおいては、この他に以下のことも重要な機能となる。

⑫さまざまな社会問題への対処⑬よりよき社会・経済のための活動の促進⑭市民が主導するまちづくりの支援と促進

また、①～⑪の各分野においても、分権・自治の徹底化という方針にもとづき、地方自治の現状と比べた場合の市の権限の拡大・強化が行われるべきである。そのためには、当然のこととして、市(郡・区)という基礎自治体に配分される財源の大幅な増加が必要となる。このことも、中央集権的構造を分権的構造に変えていくためには、不可欠な側面であると言える。

【8】 市評議員の選出方法

すでに第2部5章において、市(郡・区)の評議員の選出方法について詳しく論じておいた。その結論を要約すると、次のようになる。

①市(郡・区)の評議員は、区域の全住民が有権者となる普通選挙によって選ばれる。

②当地域の成人した住民であれば誰でも立候補することができる。

③政党はまったく関与しない選挙となる。

④公報などで候補者個人についての十分な情報が提示される。その中には、市政に関する政見の紹介に加えて、政治全般への考え方の紹介も含まれる。

⑤さらに、多数の公開討論会によって、各候補者の人物像を見極める機会が作られる。

⑥立候補者は、ホームページなどを通して、有権者に働きかけることができる。その他、選挙法が許可する方法で選挙活動に取り組むことができる。

⑦市評議会と各行政委員会の議席数を男女同数にすること。

⑧在日と、その他の外国人に分けて、人口割合に比例した議席数が確保される。

[9] 直接民主主義的方法による市政への参加

市民の政治参加を促進するためには、直接民主主義的な諸制度の活用が有効な手段となる。特に、その結果によって議事の決定が左右されるという制度にすれば、参加のし方も真剣なものになることが期待される。市のレベルでは、以下の2つを実施すべきである。

①電子システム利用によるタウン・ミーティング

市評議会の評議員たちの中でも大きく意見が分かれるような議案があった場合、この方法で住民の意向を把握し、その結果を尊重して評議会で最終的に決定するという流れにすべきである。

②決定のための住民投票

多くの住民の現在と未来に影響を持つような重要事案については、決定のための住民投票を行うべきである。それを実施するにあたっては、先にテーマ型タウン・ミーティングや地区ごとの市民討論会などを行って、住民の理解を深めた上で行うのが望ましい。

〔10〕一般市民と政治の距離を縮める

ここまで、市政への直接民主主義的な手法の導入を論じてきたが、他の諸側面においても政治との距離縮小の努力がなされるべきだと思う。例えば、次のようなことである。

第1に、市民主導・市民参加のまちづくりを始め、続けていくこと。

第2に、議会と住民の距離を縮めること。

第3に、行政機関と住民の間の距離を縮めること。

第4に、司法諸機関と住民の間の距離を縮めること。

第5に、NPOや市民運動組織と市政府の間の距離を縮めること。

第6に、評議員、事務局員、一般住民が参加する市政討論会を行うこと。

ここでは、特に1、2、5について、具体的方策を論じてみたい。

（1）　市民参加のまちづくり

市の政体においては、常設の「まちづくり協議会」といくつかの分科会を作ることによって、市コミュニティの多様な側面について継続的にまちづくりに取り組むことができる。

分科会の分野としては、「A：まちの活性化　B：環境の面　C：エネルギーの面　D：防災の面　E：保健の面　F：福祉の面　G：農村との連携　H：多文化共生の面　L：教育の面」などが考えられるが、各市の規模や実情により選択すべきである。

出発点においては、市の担当職員が広報を通じて協議会の会員を募集することから始まる。一定数の応募者が現れた段階で設立集会を開き、話し合いによっていくつかの分科会を編成する。あとは、各分科会の自主的運営に任せることになる。

各分科会は、その分野の行政委員会、行政機関と連絡をとりながら、独自の活動に取り組んでいく。他地域のまちづくり活動の中に相互協力や連携が可能なものを見つけたら、連絡を取り合い、協力し合って、課題の実現に取り組んでいくことが望ましい。

（2）　議会と住民の距離を縮める

市民参加を進め、民主主義の活性化を図る上で、議会と住民の距離を縮めることは大きな意義を持つ。以下のような方策が考えられる。

第1に、議会の傍聴をしやすくすること。

そのためには以下の2つが有効であると考える。

①ネットを通じた傍聴席の予約　②オンラインによる傍聴
第2に、月1回、議会報告を発行する。

第3に、特定の議案に対する意見の公募を行う。

届いた意見は、事務局が整理し、それぞれの要旨をまとめた形で議員全員が見られるようにする。

（5）　NPOや市民運動組織と市政府の間の距離を縮める

現代社会においてNPOや市民運動組織やボランティア組織の果たす役割は大きくなっている。行政機関が取り組んでいる各種の領域で独自の活動を展開し、事態の改善に貢献している組織も少なくないのである。したがって、行政機関および公的な組織とこれらの組織の間に相互協力の関係を作るべきであると考える。行政の側からは、次のような協力・支援が考えられる。

①市政府は、行政の理念・目的と重なるところのあるNPO、市民運動組織、ボランティア組織などが発展しやすくなるように、広報・会場貸与・税制その他の面で協力・支援していく。
②まちづくり協議会の分科会がこれらの組織と関係の深い活動に取りくむ場合、その組織によびかけて、自分たちの会議にゲストとして参加してもらうことができる。
③市政府は、市の中で多様なNPO、市民運動組織、ボランティア組織などが発展していけるように、それらと一般住民が出会えるイベントを開催するなどして、促進の努力をする。

[11] すべての有権者の参加のために

この点はすでに第2部5章でも論じたので、ここでは、その要点のみを記しておきたい。

（1）すべての成人した外国人住民が、市民として平等の政治的権利を持つ。

（2）各エスニック集団は、特別代表権を認められる。つまり、普通選挙の得票数には関係なく、市評議会の議席が割り当てられるということである。

（3）各市において、外国人市民会議が開かれるべきである。外国人の人口が多い場合は、エスニック集団毎の代表者が集まる代表者会議が必要となる。一方で、誰もが参加できるタウン・ミーティング方式の外国人住民会議も開催されるべきである。

[12] 女性有権者の政治参加の促進

この面についても、要点のみを記すことにする。

（1）市評議会および各行政委員会の議席割合を男女同数にすること。

（2）市の活動の1つに、市内の企業等における男女差別をなくしていくためのプロジェクトを入れること。これは、評議員や公務員の他に一般住民の女性も参加する活動にすべきである。差別を感じ、不満や怒りを持っている女性は多いはずなので、自発的な参加者が多数集まってくると予想する。

（3）このテーマをめぐり、アジア諸国の女性たちとの交流・連帯を始めること。

[13] 公務員への対応

（1） 行政機構の分権化を徹底させること。
各単位が自主的にいろいろなことを決められ、実行できるようにすべきである。それによって仕事の成果も変わってくるので、やりがいと達成感が得られるようになる。

（2） 行政委員会に評議員が加わることにより、上司の圧力を弱めること。
これも、官僚特有の行動様式を変えていくためには重要なことである。垂直方向の圧力を弱め、同僚同士の話し合い・コミュニケーションによって仕事が進められていく職場環境にすべきである。

（3） 市民オンブズマンによる行政各部門のチェックの制度を確立すること。
とくに福祉の分野、企業への規制の分野、各種許認可の分野、公共事業の入札の分野などは要注意であると思われる。調査の権限を強化することなどにより、制度の有効性を高めていくべきである。

（4） 公務員たちを改革・まちづくりの協力者と位置づけて、市民の活動への参加と政治参加を促すこと。

自由民主主義政体の下で問題となってきた官僚の行動様式は、新しい政体の下で変化していく可能性がある。それを良い方向に向けていくために、このような対応は効果的なものになると考える。分権化と合わせ、市民との関係性を変えていくことが基本的方向として目ざされるべきである。

第2章　地方の政体について

はじめに

1章では、地区・市における望ましい民主政体のあり方を論じた。この章では、同じく「ローカルからの出発」の考え方に基づき、「地方制」の仕組みと、あるべき地方政体の諸側面について論じていく。

ここで「地方制」というのは、市の政体と中央の政体の中間レベルに位置する行政・政治制度のことであり、その仕組みにおいて中心となる組織は「地方評議会」と「地方政府」である。「地方評議会・政府」は、中央に対する独立性を持った自治的な組織であり、補完性の原理にもとづいて、その地方に含まれるすべての市・郡・区を対象とした政治・行政を行う。同時に、「ローカルからの出発」の原理に基づき、「中央の市民政府」につなぐ役割も持つ中間の組織である。その行政区分の規模は、北海道から沖縄までの、現在の9つの地方に等しいものを想定している。

このイメージはある種の道州制案に似ているのであるが、なぜ道州制とせずに地方制と呼ぶかについては理由がある。1つは、これまでの各種の道州制論はすべて、国民国家の存在を前提にしていることである。そこには、「主権の政治」の特徴も現れている。もう1つは、90年代に始まる現代の道州制論の多くが新自由主義的な考え方をもとにしていることである。例えば、州間の競争による活性化とか、小さな政府による財政再建とか、それらが主要目的とするものはすべて新自由主義の理念から来ている。これらとは異質なものであることを明示するために、名称は地方制とすべきであると考えた。

以上の基本的な相違点の他にもう1つ異なるところは、地方の中に広域連合という補助的な仕組みを付け加えることである。これは、行政的機能の面のメリットを考慮したものであると同時に、市民と政治・行政の距離を近づけるという考え方にもとづくものでもある。その点で、ローカル・デモクラシーの強化につながる効果もあると考える。

この章では、以上のような仕組みと評議会制をどう結合していくかも考えながら、その全体像とローカル・デモクラシーの各側面を論じていこうと思う。

1節　地方制と広域連合

[1]　地方と広域連合という仕組み

地方の分け方は、これまでどおり、北海道・東北・関東・中部・関西・中国・四国・九州・沖縄という9地方でよいと思う。主な理由は、市民が議論に参加する公共空間としての機能しやすさ、中間レベルの政治・行政区域として適正な規模であること、地方文化という面でのまとまりも感じられることである。地方の政体が機能し始めるなら、最も大きなコミュニティとしての意識が生じてくることも期待される。

広域連合は府県の連合ではなく、それらに含まれる多くの市の連合体である。その目的は、市と地方の間に中間の組織を置くことによって、補完性の原理がよりよく機能し、きめこまかな行政活動が行われるようにすることである。この目的のために、中間の議会は置かないが、全体をまとめる広域連合運営委員会と必要な種類の行政委員会を置くことにする。例えば、防災・救助委員会、インフラ管理委員会、交通管理委員会、私企業管理委員会、雇用・労働委員会、医療・保健委員会、生活福祉委員会、環境保全委員会、農林・水産業支援委員会などである。その事務局にはこれらの各分野の公務員も配置し、市民により近い距離で地方行政活動が行われるようにする。

各行政委員会の委員職は、市議会の評議員が兼任する。選任にあたっては、原則として各議員が地元の市で所属した行政委員会と同じ種類の広域行政委員会に入るようにするのが望ましい。その人事は、広域の市議会議員全員が参加する年次総会で決められる。選ばれた委員にとっては市評議員との兼務になるため、広域連合の定例会議および臨時の会議の多くはリモート方式で開かれる。日常の行政活動は、広域連合事務局に配置された公務員たちが行うことになる。

〔2〕　広域連合の区割り案

各地方の広域連合の区割りについては、以下のような案が考えられる。

北海道地方（2）：中南部（道南・道央）、北東部（道北・道東）

東北地方（3）：北東北（青森・岩手）、西東北（秋田・山形）、南東北（宮城・福島）

関東地方（4）：北関東（栃木・群馬・埼玉）、東関東（茨城・千葉）、南関東（東京・神奈川）、東京都心部（23区）

中部地方（3）：甲信越（山梨・長野・新潟）、北陸（富山・石川・福井）、東海（静岡・愛知・岐阜・三重）

関西地方（3）：西関西（大阪・兵庫）、東関西（京都・滋賀）、南関西（和歌山・奈良）

中国地方（2）：山陽（岡山・広島・山口）、山陰（鳥取・島根）

四国地方（2）：北四国（香川・愛媛）、東南四国（徳島・高知）

九州地方（2）：北九州（福岡・佐賀・大分・長崎）、南九州（熊本・宮崎・鹿児島）

沖縄地方（2）：本島地域（本島・沖縄諸島）、先島地域（八重山群島・宮古群島）

合計では、23地域の広域連合ができることになる。

〔3〕　地方制の目的と可能性

地方制の仕組みは、ネクスト・デモクラシーの目ざす、参加と自治の民主主義および共生と平等の社会への移行を促進するために導入されるものである。この視点で考えてみると、地方制には以下のような効果と役割が期待される。

第1に、地方制は参加と自治の民主主義の確立のために大きなプラスを生み出すものになりうると考える。というのは、その公共空間が国政の場合に比べてはるかに身近なものとなり、その中で内政の諸課題も国際関係の諸課題もオープンの参加で論じやすくなると思うからである。

第2に、地方制は「ローカルからの出発」と補完性の原理に立ち、すべての住民の暮らしと生命・安全のためにしっかりと取り組む政治・行政を実現するのに役立つと考える。広域連合の仕組みを付加することは、この面を促進・強化するために役に立つ。

第3に、地方制は地方の経済をより自立的なものとする一方、新自由主義の対極に立つ平等な経済にしていくことにも役立つ。そういう方向で経済をコントロールしていく政体になりうるということである。

第4に、地方制は共生社会などの理念を実現するための政治の場ともなりうるものである。理念実現のための方策は各地方・各地域の現状をふまえて考えられるべきであり、地方制があることによって実施もしやすく、浸透もしやすくなるはずである。

第5に、地方制によって、まちづくりと同様な意味で地方づくりの取り組みが可能になる。これまで蓄積・保存されてきた資源をもとに、各地域の連携・協力によって新たなものも生み出されていくだろう。

第6に、地方制によって、地方相互の連帯や助け合いも生まれることが考えられる。自然災害の時はもちろんのこと、日常的にも各種の領域での連携・協力が生まれる可能性がある。また、従来の枠組みでは解決が難しい課題についても、新たな方途が見つかるかもしれない。

以下においては、上記のような期待される効果を現実の利点にするためにはどうすべきか、どのような仕組みが必要かを考えていくことにしたい。

2節　地方の政体の役割

市の政体と中央の政体の中間レベルに位置する政治制度として、地方の政体はどのような行政・政治機能を持つべきだろうか。ローカル・デモクラシーの考え方に立ち、分権と自治の社会にしていくためには、連邦制の「邦」に近い、広範な機能を持つものにすべきであると考える。具体的には、以下のような諸機能が考えられる。

1節に広域連合の行政委員会として防災・救助、インフラ管理、交通管理、私企業管理、雇用・労働、医療・保健、生活福祉、環境保全、農林・水産業支援の9つを挙げた。地方評議会はこれらの各分野について、地方としての政策を決定し、必要な条例を制定する必要がある。その実施は広域連合の行政機構に委ねられるが、地方政府はその実施状況を把握しつつ、また、広域連合と協議しつつ、地方政府として独自に実行すべき行政活動に取り組んでいくことになる。

この他に、地方政府の独自の役割となる分野が数多くある。まず、「地方づくり」、土地・建築の管理、観光の振興など。さらには、経済政策と産業政策、エネルギー政策にも取り組み、その中で完全雇用の実現を目ざさなければならない。ローカルな放送・通信も重要なことである。

教育政策とそれを支える体制づくりも地方政府に任せるべきであると考える。それによって、多様性の開花も期待できるし、地方にとって必要な各分野の人材の確保も可能となる。専門学校や大学で働く教職員も増えるはずである。大学との連携という面も考慮して、高等学校の教育政策・体制づくりも地方の役割とすべきである。高校の無償化と大学の全寮制化は、格差問題への対応という視点からも必要なことであり、地方政府が責任を持って取り組むべきである。

文化・芸術の領域も「地方づくり」に関連が深いので、多くの施設を中央の管理から地方の管理に移すべきである。ただし、伝統芸能など保護が必要になるものは、中央の行政の範囲にとどめたほうがよいと思われる。

その他の重要な機能としては、「よりよき社会」にするための取り組みを進めていくことと、「よりよき経済」にするための取り組みを進めていくことの2つがある。これらについては、それぞれの専門の地方評議会を作り、それが中心となって進めていくことになる。これらについては、次節で詳しく論じることにする。

3節　地方制の効果を実現・強化するための仕組みと方法

[1]　参加民主主義の強化のために

地方制において参加民主主義の性格を強めるためには、その政体に以下のような仕組みを付け加えるべきだと考える。

その1つは、討議型世論調査である。これは、無作為抽出で行われる世論調査とその対象者集団による討議を組み合わせた一連の過程からなり、討議後のアンケート調査の結果が公表されるものである。

2つ目は、第2部で紹介した21世紀タウン・ミーティングの「テーマ型」のものである。こちらは、参加希望者による討議が行われ、その結果が公表されることになる。

3つ目は、すべての有権者による住民投票である。これについても、事前に多くの地域で市民会議を行い、住民の理解が深まったところで実施されるのが望ましい。そのプロセス自体が民主主義の活性化に役立つものであるし、より適切な判断にもつながると思うからである。

3つの方法にはそれぞれの利点があるので、課題の内容・性質に合わせて使い分けていくべきである。

[2] 「ローカルからの出発」と「補完性の原理」の現実化のために

補完性の原理に立って考える時、地方政府と市政府および広域連合の間の関係をどのようなものにすべきか。

全体として、各部分が自立して活動できる、分権的な構造にすべきである。市政府、地方政府はもちろんのこと、広域連合も単なる事務執行の機関ではなく、一つの政治機構として見るべきである。地方政府と広域連合の関係は、市政府と地区委員会の関係に近いものと見ることができる。それぞれの政府は、一面で後者の連合体としての性格を持つからである。

地方政府・市政府・広域連合という3つの機構は緊密なコミュニケーションによって結合されるべきである。そのコミュニケーションにおいては、とくにボトムアップ型でなされるものを重視すべきと考える。それによって、「ローカルからの出発」が現実のものとなり、住民の意思を反映した政治が可能になるからである。

[3] 分権体制の確立と地方間の財政的平等化のために

分権的な政治機構を確立するためには、各政体を財政的にも自立したものにしなければならない。そのためには、各種の税金をどのように徴収し、どのように各レベルの政体へ分配していくかが、工夫すべき重要な課題となってくる。

一つの方策は、地方分権化の問題の文脈でよく言われる「税源の移譲」である。これは、何らかの種類の税金の納付先を中央から地方へ、地方から市へと移すものであり、それによってローカル政体の自立性を高めようとするものである。

この方策は分権化にふさわしいものであり、採用すべきであると思うが、それだけでは、地方間の財政的格差という問題を生んでしまう危険性を持っている。したがって、もう1つの方策として、税の分配による平等化の方策も併せ用いるべきだと考える。

平等化の目ざすところは、どの地方に住んでいても、ほぼ同レベルの行政サービスが受けられ、生活や仕事の上の利便性もほぼ同等のものになることである。それを可能にするような、財政的平等性を実現しなければならない。

そのように考えた場合、適切な分配のし方は数字のデータで簡単に決められるものではないことがわかる。なので、中央で開かれる地方代表者会議でよく話し合い、各地方の事情をよく理解しあった上で、調整が行われていくべきである。このことは、同一地方の市の間の平等性の確保についても言えることである。広域連合の運営委員会の場で丁寧な調整が行われるべきだと考える。

これらの調整は、連帯という理念の実践という意味を持つものであるから、その努力は、新たな民主政治の定着のためにも役立つはずである。

[4]　地方の経済をよりよきものにするために

地方評議会と地方政府は、内政に関するすべての分野で活動するのであるが、経済の分野での役割はきわめて重要なものになる。それは、資本主義をコントロールしつつ、変えていくという面でも、各地方の経済を自立的で豊かなものにしていくという面でも、地方レベルの政策決定と実行が大きな力を持つ可能性があるからである。この可能性は、必ず現実のものとしなければならない。

そのためには、メインの地方評議会の他に、経済面に特化した地方〈経済〉評議会を作る必要があると考える。

地方〈経済〉評議会は、経営者・労働者・専門家・地方評議会の評議員から選ばれた人たちによって構成される。比率は1：1：1：1つまり各集団が4分の1の議席を占めるようにする。選出方法はそれぞれ異なり、専門家の評議員は、執行部の担当者が作った候補者リストの中から地方評議会全員の投票で選ばれる。地方評議会からは、評議員たちの互選によって選ばれる。労働者の評議員は、労働団体からの推薦と公募によって半数ずつが選ばれる。経営者の評議員も、同様に経営者団体からの推薦と公募によって半数ずつが選ばれる。公募への応募者からの選抜は、応募書類の内容をもとに専門家の評議員たちが審査して行う。

専門家は幅広く、各種の機関、団体、大学などから集めるべきである。この評議会が十分に機能するためには、理論的な知性とともに、実践的な知性も必要だからである。

［5］　地方の社会をよりよきものにするために

現代社会が抱えている各種の問題に取り組んでいくためにも、地方レベルの政治機構が果たすべき役割は大きい。どのようにして差別を防ぎ、抑圧の現状を明るみに出し、どのようにしてそれらの関係性を変えていくかについての具体的方策は、各地方の歴史や実情をふまえて決定されるべきだと思うからである。

エスニシティの問題について言えば、第2部で述べたように、集団別代表制の導入の他に、「過去の共有」のための交流と教育、「現在の共有」のための共に参加するまちづくり、「未来の共有」のためにともに参加するNGO、NPO活動などの促進がある。いずれも、地方政府の下で実行可能なことである。これらの他に、討議デモクラシーの諸形態のどれかを活用して、議論を深めていくことも実行しやすいと思う。

女性差別の問題について言えば、何よりもまず、地方議会をはじめとした各種機関における男女の比率を同じにすることが必要である。また、地方政府と大企業や銀行などとの企業別協約、各種産業との産業別協約の中に関連条項を入れて、差別状況の改善を図っていくことも実行すべきである。

差別や抑圧の問題は、他にもさまざまある。部落差別をはじめ、LGBTQ、障がい者、路上生活者、元受刑者、外国人労働者や特定の国の外国人、偏見を持たれる病気の感染者、原発事故で避難を余儀なくされた人々への差別など、いずれも看過できない問題になっている。

エスニック問題にしても、女性差別問題にしても、その他の問題にしても、差別の歴史は長く、根の深い問題である。その解決を図るには、長期の展望も持った粘り強い取り組みと、現代社会に合ったさまざまなアイデアが必要である。なので、それを話し合っていくための機構として地方別の〈社会〉評議会を設けるべきだと考える。これは、後述する中央レベルの〈社会〉評議会とも協働しながら差別解消のプロジェクトに取り組んでいくことによって、日本の社会全体のあり方を変えていく影響力を持つことが期待される。

地方〈社会〉評議会の評議員は、各問題の当事者集団・この分野の問題に取り組む市民団体・問題に詳しい専門家・マジョリティの一般市民という4つの集団の中から選ばれた人たちである。比率は1：1：1：1、つまり各集団が4分の1の議席を占めるようにする。選出方法はそれぞれ異なり、一般市民の評議員は公募と抽選の両方で半数ずつを選ぶようにする。公募には誰でも応募することができ、専門家の評議員による論文審査で選ばれる。専門家の評議員と市民団体代表の評議員は、執行部の担当者が作った候補者リストの中から地方評議会の投票で選ばれる。当事者集団の評議員は、各集団が自主的に決めた方法で選ばれる。ただ、すべての問題の当事者集団から選ぶとすると、人数も多くなり、テーマも分散してしまうことが予想される。なので、エスニシティ問題以外にはどの差別問題から取り組むかという展開の計画を立てた上で、参加する当事者集団を限定して始めるべきだと考える。

[6]　大きな「まちづくり」としての「地方づくり」

地方制のもう1つの可能性は、地方という広い空間を大きな生活圏と捉えて、総合的な視点から

「まち（地方）づくり」に取り組んでいけることである。

そのために最も重要な要件となるのは、住民が主導する「まち（地方）づくり」になることである。そのような性質の地方づくりに取り組むことは、同時に地方レベルの民主政治の活性化という効果も生むにちがいない。取り組む場合には、最初の時点から各地でワークショップを開くなどしてボトムアップの決定過程にすることを心がけ、多くの人を巻き込むように努めるべきである。

[7] 地方同士の助け合いや連帯のために

1節の[3]で地方制の可能性として6つ目にあげた地方相互の連帯や助け合いを現実の特徴にしていくには、どのような仕組みをつくるべきだろうか。

まず考えるべきことは、地方間格差や不平等性、地域間の競争などのマイナス要因を取り除くことである。そのために1つは、財政的に豊かな地域と貧しい地域の差があってはならない。この差をなくすためには、歳入の源泉となる税制をどうするか、集めた税金の分配をどうするかの2点を考えることが必要となる。格差を少なくするために適切な税源として考えられるのは、住民税、消費税、固定資産税、相続税などであるが、地方で集めたものをそのまま歳入にするのでは、地方によってかなりの差が生じてしまう。とすれば、住民税と消費税以外はいったん中央に集め、その全体を平等化を目ざして分配していくという方法が適切かもしれない。方法は何であってもよく、財政の豊かさに格差が生じないような制度にするということである。

また、基地問題や原発問題で見られたような安全面・環境面での不平等性も解消されなければならない。そのためには、地方代表者会議を制度化し、全員一致でしか決定できない仕組みにすることが最も有効な方法である。筆者は基地も原発も全廃することが最良の道であるという意見を持っているが、もし維持するという政策が支持されるのであれば、その場合は全地方が公平に負担すべきであると思う。それができないのであれば、他の政策を選ぶべきである。

次に、プラスの要因となりうる「自然災害の時はもちろんのこと、日常的にも各種の領域での連携・協力が生まれる可能性」を現実のものにするには、どうすべきか。まず、必要な領域を考えてみると、①災害救助と復興、②電力・水などの供給、③感染病流行時の医療体制などがあげられる。さらには④農林・水産業の維持・振興なども、地方間の協力や連携があるならば、大きな力になると考える。これらについても、地方代表者会議での話し合いを出発点にして、協力体制づくりを進めるべきである。

4節　地方政体の仕組みと各機関の選挙について

地方の政体には、地方レベルの諸機関と広域連合の諸機関が含まれる。広域連合のほうはすでに説明したので、ここでは、地方レベルの機関について説明していく。

市レベルと同様に、地方でも評議会と執行委員会が政治の中心的な場となる。さらに、評議員がどれか1つの行政委員会の委員になることも、市レベルと同様である。新たに付け加わるのは、先に述べた〈経済〉評議会と〈社会〉評議会の2つである。

【1】 地方評議会について

評議員は、評議会制システムの原理にもとづき、各市の評議員の中から選ばれる。ただし、沖縄・四国・中国の3つを除いては、どの地方も市の数が200を超えるので、各市から1名としては議会の規模が大きくなりすぎる。

そこで、旧都道府県を1つの選挙区として、人口に比例した人数の評議員を選ぶことにする。各市・郡で1名ずつ選ばれた候補者たちが選挙区内のすべての市評議員たちに演説会・討論会・ネット通信などを通じて選挙活動を展開する。市評議員たちは、それによって得た詳しい情報をもとに地方評議員を選ぶというプロセスである。各選挙区で当選する評議員は、男女同数にしなければならない。

地方評議員数のイメージをつかむために、関東地方の場合を例として考えてみよう。2022年現在の各都県議会の議員数を調べてみると、①東京127名、②神奈川105名、③千葉94名、④埼玉93名、⑤群馬50名、⑥栃木50名、⑦茨城62名で、合計で581名となっている。関東の地方評議会は、この合計数の30%程度、180名くらいにすべきではないかと思う。行政委員会の数が20前後になると思うので、1つの委員会には、8名から10名の評議員が配置されて仕事をすることになる。

広域連合の行政委員は、連合体という性格も考慮して、人口規模の大きさに関わらず、各市・各郡から1名ずつ選ぶことにする。東関東の広域連合を例にして、委員の数を計算してみると、①茨城は、51の市・郡があるので51名、②千葉は、79の市・郡があるので79名となる。合計は130名となり、それが9つの行政委員会に分かれて入っていくことになる。

なお、職務の幅広さと複雑さを考慮して、地方の評議員は常勤で有給とし、広域の委員は非常勤で無給とする。そうすると、自分の仕事も続けながら公的活動もしたい人は後者を選ぶだろうし、公的活動に専念したい人は前者を引き受けるという分かれ方になると考える。結果的に、評議会は地方政治へのモティベーションの高い人たちが集まる場になることが予想される。

[2]〈経済〉評議会と〈社会〉評議会の位置づけ

この2つの評議員の選び方、目的などについては、すでに3節で述べた。問題はこれらの位置づけ、および地方評議会との関係である。

この2つは共に改革を推進するための機関なので、メインの評議会と同列に並ぶ機関として位置づけるべきである。つまり、同等に近い権限を持つ機関ということになる。そうすると、経済政策や社会問題政策などではメインの評議会と結論が食い違う場合も想定されるので、どのように調整し、決定すべきかという問題が起きる。この点については、中央の政体について、「分権」の視点からまとめて論じようと思うので、その中で述べることにする。

[3] 地方執行委員会と事務局

これは、連邦制の場合の州政府にあたるものである。執行委員は地方評議会における評議員の互選で選ばれる。地方の政治も政党政治的な形はとらないが、第2部で述べた政策集団の間に生まれる対抗関係の影響は受けるようになると思われる。その結果、参加者数の多い政策集団のメンバーは執行委員に選ばれやすくなる。一方、人数の少ない政策集団のメンバーは、執行委員会の中でも少数派になりやすい。しかし、少数派も排除されないので、複数の政策集団のメンバーが混在する執行委員会となる。

地方の執行委員会も緊急の事態に対応して行動をとる場合があるので、それを想定した役職として、委員長と2名の副委員長をおく。その人選は、地方評議会における議員の互選で行われる。平常時における活動や会議においては、まとめ役の役割を持つことになる。

その他の執行委員たちは、どれかの行政委員会に所属して、委員長の役割を持つことになる。

地方の事務局は、広域連合の行政委員会および事務局とも連携しながら、各種の行政業務を担っていく。その組織に官僚制化の悪弊が生じないように工夫すべきであるが、この点については、次章「中央の政体」の中で論じることにしたい。

第3章　中央の政体について

はじめに

この章では、引き続き「ローカルからの出発」の考え方に基づきながら、中央政体の仕組みと諸側面の制度のあり方について論じていく。

この部分を構想していく時に、とくに重視すべきこととして以下の3つがあると考える。

（1）中央の政治においても、参加民主主義の実現を目ざすこと

（2）権力の集中を避け、分散を図ること

（3）民主的方法による政権交代の仕組みを工夫すること

1については、とくに実質的な2回路制の仕組みを作ることによって、参加民主主義の強化を図る。2については、諸機関の分権的な関係の確立とともに、住民投票による最終決定を含めた仕組みを作る。3については、中央執行委員会の直接選挙、つまり、すべての住民による中央政府メン

バーの選出という制度が必要だと考える。その場合、政党政治も大統領制も認めない中で、どのようにして政権の選出・交代の仕組みを作るのかが工夫の焦点となる。

1節　中央政体の基本的な仕組み

中央の議会は、三院制にする。1つは、各分野の基本政策、立法その他を審議し、決定する中央評議会。2つ目は、よりよい社会を作っていくための中央〈社会〉評議会。3つ目は、よりよい経済を作っていくための中央〈経済〉評議会である。これらは、公共の政治の実現という共通の理念にもとづいて協働していく関係にあるが、別個の独立した組織であるために、意見の対立する局面も予想される。その場合にどうするかは、分権の原理にしたがって解決する仕組みを考えていくべきである。

これら3つの評議会の他に、もう1つ重要な組織は地方代表者会議である。これは、中央評議会に参加している評議員から各地方3名ずつを選出することによって構成され、地方間の平等性と連帯を実現するために重要な議題について話し合い、決定するための組織という性格を持つ。ここでの決定は全員一致方式でなされるので、原案に反対したい場合は拒否権を行使することができる。地方間の不平等を解消するために必要な組織であると言える。

中央の執行委員会は、代議制民主主義の中央政府にあたる組織である。その選出のし方は、中央評議会の中での互選にすることも考えられるのだが、政権交代の可能性を維持するという目的などから判断して、全住民の直接選挙によるものが望ましいと考える。そうすると、評議会制をもとにしてどのような選出プロセスにすべきかということになるが、これも参加民主主義の活性化という視点から考えていきたいと思う。

司法の面では、中央裁判所と憲法裁判所の2つが中央の機構となる。中央裁判所は、現行の最高裁にあたる組織であり、政治からの独立性が保障される。憲法裁判所は、政治と行政において憲法に反することが行われていないかどうかを審査し、違憲性が認められた場合は、その行為を無効として撤回させることができる。憲法の番人としての役割を持つわけである。

行政機構は、市政府や地方政府におけると同様に、各行政委員会に属するものとなる。行政委員の半数は評議会の議員から選ばれるから、これによって行政機関に対して評議会による監督が日常的になされることになる。警察機構などについても同様である。

2節　中央の政体の役割

中央の政体はどのような行政・政治機能を持つべきだろうか。前章では地方の政体が広範な機能を持つべきことを論じた。これに対して中央の政体は、限られた数の重要な機能を持つことになる。まず、中央にしか配置されない、いくつかの機能がある。1つは、国際関係に関するものである。

外交と通商、さらには国連関係の活動がこれに含まれる。2つ目には、経済全体の政策に関するものである。これは、幅広く、通貨・金融システム・税制・産業振興・貿易などを含む。3つ目には、列島全体で統一されたルールが必要とされるものである。民法・刑法・商法はもとより、企業規制のためのさまざまな法律、公的資格認定の基準、交通ルール等が含まれる。

4つ目は、大災害時の緊急支援や復興支援に関するものである。5つ目は、各種インフラや通信網や放送に関するものである。6つ目は、先端技術の開発に関するものである。7つ目は、気象予報とか地震情報に関するものである。8つ目は、よりよき社会・経済のための改革に関するものである。9つ目は、新たに発生する諸課題である。これは、幅広く様々な分野でおきる可能性がある。

3節　参加民主主義の実現方法

市政や地方の政治においてと同様に、中央の政治においても参加民主主義を実現すべきであると考える。そのためには、前章で述べた3つの方法を利用すべきであるし、地方評議会やインフォーマルな市民会議で話し合われた結果を中央が受け止めて、参照することも必要である。さらに、中央の執行委員会をすべての有権者による直接選挙で選ぶことも、有権者と政治の距離を縮める上で大きな意味を持つことになると思う。

ここでは特に、2回路モデルの実現を目ざす方向で、「討議型世論調査」の結果とその過程のイベントにおける討論の結果を活用することについて述べておきたい。

中央評議会で議題となる予定の政治課題について地方で先行して話し合う機会を持つことは、参加民主主義の実現および活性化のために有効な手段になると考える。その話し合いに参加することが、中央の政治に対しても影響力を持つことにつながる可能性が生まれるからである。

まず、そのプロセスは、中央評議会と地方評議会の間で審議予定の議題リストを共有化し、それを各地方の住民に公表することから始まる。次に、討議型世論調査を主催する団体が、リストの中から2回路にしたい議題を選び、世論調査と討議イベントを企画する。世論調査の対象者は、普通の調査と同様に無作為抽出で選ばれる。最初の調査に応じた人たちの中で討議イベントへの参加希望者が募集される。希望者は1つの会場に集まって討論に参加し、希望しなかった人もリモートで視聴できるようにする。討議イベントの終了後、討議の経過と内容の記録、関連資料が調査対象者全員に送付され、それらが読まれた後で再度、世論調査が行われる。この世論調査の結果が出たら、中央の評議会事務局に全体的な経過と結果の報告が行われる。各地からの同様な報告が集まった段階で、それらの内容を参照しつつ、中央評議会での討論が始まるという流れである。

こうしたプロセスで2回路制の効果が実現することが望ましいのであるが、中央評議会の結論が期待に反するものとなった場合はどうしたらいいのだろうか。その場合には、討議イベントに参加した人たちが最終決定のための住民投票を請求できるようにすべきである。その住民投票実施の可否は各地方評議会の判断に委ね、いくつか（例えば3つ以上）の地方が賛成したら全国での実施が決定されるという制度にすべきではないかと考える。

この項で述べた諸制度および次項で述べる住民投票制度の実施・運用を担当する行政部門として、中央に「〈参加民主主義〉運営委員会」とその事務局を置くべきである。

4節　中央評議会と他の評議会の分権関係

[1]　中央の3つの評議会の分権関係

中央評議会(A)と中央〈社会〉評議会(B)、または中央〈経済〉評議会(C)の関係

①AとB(またはC)は、ともに差別なき社会(よりよき経済)の実現を目ざして協働していく。

②個別の課題については、B(C)が先行して審議し、その結論にもとづいて政策案を作る。

③政策案はAに送付され、審議される。賛成多数の場合は、正式決定となる。

④賛成少数の場合は、AとB(C)の間の調整のプロセスが開始される。委員同士の協議によってまとまった修正案が、AとB(C)に送付され、両方で認められれば、正式決定となる。

⑤きわめて重要な案件であり、協議による解決も困難な場合、B(C)は住民投票による決定を請求できる。住民投票で過半数の賛成を得られれば、正式決定となる。

以上のように、3つの評議会の間には水平の分権的関係が生じることになる。

〔2〕 中央評議会と地方評議会の分権関係

中央評議会（A）と地方評議会（D）の間は、垂直の分権関係となる。

①課題の性質により、Aだけで審議し決定すべきものがある。その場合、この課題はAの専管事項に分類される。

②逆に、ある地方にだけ関係のある課題もある。その場合は、当該のDだけで審議し決定することができる。

③第三に、A・D双方における審議が必要な課題もある。その場合は、まず基本政策または基本方針をAで審議、決定し、次に具体的な実施計画等を各Dで審議し、決定する流れとなる。

④以上の3種類への議題の振り分けは中央評議会の事務局が各評議会と連絡を取りつつ行う。

⑤政策の具体的な実施計画について地方間の調整が必要とされる場合は、関係地方が集まって協議し、調整する。

⑥具体的な実施計画等を審議する過程で、基本政策への付加または修正が必要だと考えた場合、DはAに修正を要求することができる。この場合は中央評議会と全地方の代表が集まって協議し、調整する。

以上のようにして、中央評議会と地方評議会の間にも分権と連携の関係が生じることになる。

5節　3つの中央評議会の選出方法

中央評議会の議員たちは、各地方から選ばれる。評議会システムの原理をそのまま適用すれば、地方評議員の中から選ばれるのであるが、地区委員・市評議員・地方評議員およびこれらの経験者であれば、誰でも立候補できることにしたい。広く人材を募るためである。この選挙の有権者は現役の地区委員・市評議員・地方評議員たち全員とする。適切な長さの選挙活動期間を設け、候補者たちの主張と人物像が十分に伝わるようになってから、投票が行われるようにするのが望ましい。また、選挙活動のしやすさという利点から、広域連合を1つの選挙区とすべきであると考える。各選挙区の定数は、人口に比例して決められる。

中央〈社会〉評議会は、地方の〈社会〉評議会と同様に、各問題の当事者集団・関連市民団体・専門家・一般市民から選ばれた人たちである。各集団の議席の割合や、各部分の評議員の選出方法などについても地方と同様なものにする。

中央〈経済〉評議会は、経営者・労働者・専門家・地方評議会の評議員たちから選ばれた人たちである。比率は1：1：1：1つまり各集団が4分の1の議席を占めるようにする。選出方法は労働者と経営者については、地方の場合と同様に半数が公募、半数が団体の推薦とする。専門家については、事務局の作成したリストにもとづき、中央評議会によって選出される。地方評議員たちについては、それぞれの地方評議会によって選出される。

なお、勤務形態と給料等は、専従となる中央評議員のみ有給、他の2種類の評議員は非常勤で、交通費と日当のみ支給、とするのが適切だと思われる。

6節　執行機関について

［1］中央執行委員会の選出方法

ここからは、執行機関について論じていくことになる。まず、その中心となる執行委員会の選び方はどのようにすべきか。

中央評議員の互選で決めるというのが最も簡単であり、評議会システムを前提とした正統性も得られるので、一つの選択肢ではあると思う。しかし、この場合には2つの重大なデメリットが生じるはずである。1つは、住民と政治の距離が遠くなること。もう1つは、支持率低下をもとにした政権交代という事態が生じにくくなることである。どちらも、民主主義にとって良いとは思えないので、こうしたことは避けていきたい。

では、評議会制のもとでも政権交代を可能にするには、どうしたらいいのだろうか。例えば、次の方法が考えられる。

［選出方法のアウトライン］

まず、中央の評議会における選挙によって、4つの次期執行委員会の候補者グループを選ぶ。これは、予備選挙のようなものである。各候補者グループは、複数の主要政策を共通して支持する人たちの集まりという意味で「政策集団」という性格を持っている。最初の段階では、各集団の核になる議員たちが周囲に働きかけを行い、調整の過程を経て、いくつかのグループが作られる。次の段階では、中央の評議員を対象として演説会、討論会などで支持者獲得の活動が行われ、最後に候補者グループを絞り込むための評議会における選挙が開かれる。ここで上位に選ばれた4つの候補者グループが、次は列島の全有権者を対象に長期の選挙活動を行い、最多の得票を得たグループが政権を獲得する。1回では決まらず、フランス大統領選挙のように、1位と2位の決選投票というケースも生じると思う。

［選出方法の詳しい解説］

この場合、一般の有権者たちはほとんどの候補者たちについて知らないだろうから、全地方において選挙活動を十分に展開する必要がある。

候補者グループの結成は主要政策の組み合わせによるものとし、発案した議員の下に共鳴した人たちが集まるという形で作られていく。出発点では多数のグループに分かれる可能性があるが、これを議会内の選抜で4グループに絞っていく。選ばれなかったグループの人たちは、最初に属したグループから、4グループのどれかを選んで移動する。こうして人数が増加した4つのグループは、選挙対策の組織を作り、全地方での選挙活動に入っていくことになる。

選挙活動においては、候補者グループが政党を名乗ることは禁止され、政策集団A・B・C・Dとして振る舞わなければならない。選挙期間中にグループの支持者を集めるのはよいが、政党のように永続する組織を作ってはならない。

投票は各地方の選挙管理の下で行われ、単純な全地方集計で結果が決まる。第1回の投票で過半数を得た候補がいなかった場合は、1位と2位で決選投票を行う。3位、4位だった候補グループは、決選投票でどちらの候補を支持するかを決め、応援することができる。

こういう方式をとることのメリットは4つある。1つは、全住民の投票によって決めることで、政権の正統性が得られること。2つ目は、選挙戦が行われることで、政治への関心が高まると期待されること。3つ目は、政権担当のグループを選出するのに一票を投じる形で、一つの政治参加ができること。4つ目には、全住民の意思表示による政権交代が可能になることである。

この選出方法を見ると、代議制民主主義の大統領選に似ていると思われるかもしれないが、決定的に異なる点が2つある。

1つは、どの候補グループも中央評議会の議員たちによって構成されていることである。これにより、評議会制が根幹となるシステムの性格は保たれる。また、まったくのアウトサイダーが選挙戦に参入することはなくなり、民主政治に敵対的な思想の人たちが候補になる可能性もなくなる。

2つ目は、政党政治および政党中心の選挙ではなくなることである。そのため、有権者の関心は各グループがいかなる政策を掲げているかに向かいやすくなり、政策中心の選挙が実現することになる。政党中心の選挙ではなくなることから派生するもう1つの変化は、ほとんどが公費によって賄われる選挙戦になることである。選挙戦の多くの部分は、公的な広報手段や公開討論会などの公的なイベントを通じて行われるようにしなければならない。これら以外の選挙活動については、公平性が保たれるように、さまざまな規制を行なうことが必要となる。

選挙によって執行委員会が選出された後、委員会内での互選により委員長と副委員長が選出される。これらの役職を置く理由と役割は、地方の執行委員会の場合と同様である。中央執行委員会の活動は集団指導制のイメージで行うべきであり、チームプレーを心がけなければならない。

[2] 中央執行委員会の権限と評議会による解任について

上記の選出方法で選ばれた執行委員会には、いかなる権限を与えるべきだろうか。この問題を次の4つの領域に分けて考えてみたい。

(1)議会との関係の領域　(2)行政機関との関係の領域　(3)緊急時の対応の領域　(4)外交・安全保障の領域

この中で、最も大きな権限を与えられるのは3の緊急時対応である。法律や事前の想定で定められている事項に従って対応すべきであるが、さまざまな予想外のことがあるはずなので、その対応は執行部に一任される。しかし、対応が正しかったかどうかは、事後に評議会において検討され、評価されるべきである。

1については、基本的には3つの評議会で決まったことを執行部が実行に移すという関係なので、議会の優位性が確認されなければならない。しかし、問題は執行部となった候補グループが選挙戦で掲げた公約に含まれる政策等についてはどうするかということである。これについては、その諸政策の中で実際に民意の支持が高いのはどれなのかを調査した上で、明確に支持が高いものについては、早期の実現を目ざして推進する権限を与えるべきだと思う。その他については、やはり議会の判断に委ねるべきである。

2については、執行委員会のメンバーが各行政委員会の長となることが考えられる。その場合に、行政委員との関係は水平的なものとし、委員長は会議をまとめるリーダーの役割にすべきである。行政委員会は組織全体として、その分野の行政機関を指揮監督する役割を持つ。

4については、中央評議会で決まった方針にもとづき、それを実現する方向で外交を行うことが求められる。突発的な事態、出来事には執行部だけで対応しなければならないが、事後に評議会で検討され、評価されるべきであることは、3の場合と同様である。

執行委員会がこれらの権限の範囲を越えたり、重大な過失を犯したりしたと判断される場合には、どうするか。その場合には、中央評議会は執行委員会の解任について討議し、過半数の賛成によって解任を決めることができる。そして、臨時の執行委員会の選出、さらに、後日の再選挙という流れになる。

7節　官僚制の問題をどうするか

自由民主主義政体を支える官僚制には、これまでさまざまな問題が発生してきた。例えば、①隠れた権力行使、②位階制による上司の権力の強さ、③縦割りの組織体系によるセクショナリズム、④前例の重視と変化への抵抗、⑤保身のエゴイズム、⑥責任回避の態度、⑦地位を利用した汚職や不正経理の可能性、⑧権力者への忖度による不正行為、⑨公的な文書の改ざん、⑩各種補助金等の不正な申請への関与などである。

これらは、いずれも中央集権国家における官僚制の構造が生み出したものという共通性があり、その構造を変えない限りは根絶ができないものである。そして、分権社会を目ざすネクスト・デモクラシーにおいても、官僚たちへのコントロールを意識的に取り組まないと、これらが再発するおそれがある。したがって、新しい政体でも真剣に向き合っていくべき問題である。

まず、3つのことから着手すべきである。

1つは、行政機構の全体を中央集権型から地方分権型のものに転換すること。前者の場合には、中央の官僚機構が肥大化し、その権力も強大なものになる。新しい政体の下では、ローカル・デモクラシーの考え方にもとづいて、分権・自治が徹底されていくので、こうしたことは起こらない。

すでに、1章と2章で述べたとおり、従来の中央政体の機能の大部分は地方政体に移るのであるから、新しい政体の中央の機関は数も少なくなり、必要な公務員の人数も大幅に減少する。抜本的な霞が関のスリム化が起きるわけである。

2つ目は、官僚制の仕組みを抜本的に変えることである。変革の基本的方向は、①「集権から分権へ」と、②「垂直から水平へ」、③「閉鎖から開放へ」の3つである。

①は、ある行政分野において必要とされる定常的な仕事が100種類あったとすれば、100の仕事チームを作って、それぞれの組織を独立した単位にすることで実現できる。この分割が細かすぎるなら、もう少し大きな分け方にしてもよい。

②は、チーム内とチーム相互の関係を水平的なものにすることによって実現できる。集団としての意思決定プロセスは、トップダウン方式ではなくボトムアップ方式にすべきである。

③は、人事異動や交流、フレキシブルな協力体制などによって実現できる。省庁内が1つの村のような閉鎖空間になることは避けるべきである。

3つ目は、強力な監査の体制を作ることである。企業に対するコントロールと同様に、外部評価と内部評価を結合して実態に迫ることも必要である。隠れた不正や隠れた抑圧・差別が起こらないように綿密に工夫されたコントロールのし方が確立されるべきである。

一方で、官僚の個人個人が精神的な満足感を得られるような仕組みも考えていくべきであろう。自由に意見交換ができる場、研究発表ができる場、さまざまな交流ができる場なども重要なのではないか。逆に、日々の仕事に追われて過重労働に陥っていくような事態は避けなければならない。企業と同様に行政機構もよりよい働き方のできる場にしていくことが必要なのである。

基本的には性善説にもとづき、新しい政体にふさわしい職場環境を作っていくべきであると考える。

第4章　新政体の憲法試案

はじめに

ネクスト・デモクラシーを確立するためには、その政体の基本法となるものを制定する必要がある。それは、日本国憲法との関係では全面的な憲法改正を意味するものであるため、大きな政治的変動の過程を経ることによってのみ可能になるだろう。その過程全体が具体的にどのようなものになるかは予言できないが、過程の終盤には憲法制定の会議が開かれて、新憲法案が決まっていくことになるはずである。

したがって、実際の基本法の内容はその会議を構成する人々の意向の総和によることになるが、ここでは私の考えた一試案を示してみたいと思う。案の作成にあたっては、日本国憲法はもちろんのこと、欧州各国の基本法も参考にしつつ、それらを超えた、より民主的で人道的な性格のものにしていくことを目ざした。その結果まとまったものが、以下の試案である。

なお、序文では、「新たな民主主義を仮にネクスト・デモクラシーと呼ぶ」としたが、この基本法案では、これに代えて、「連帯民主主義」という名称を用いることにする。「連帯」という言葉こそがこの民主主義の本質的特徴を表すものだと思うからである。

『日本列島市民政治体の基本法』(案)

前文

２０××年、日本列島に住むすべての住民は、「連帯民主主義」に基づく新たな政体を樹立し、その下で共に生活していくことを決定した。

「連帯民主主義」の政体は、「人々の、人々による、人々のための政治」という理想を現代において実現することを目ざすものである。また、よりよき経済とよりよき社会を作るためのさまざまな政策の発案と実施をつねに促進していくためのものである。

この政体の主人公は、いかなる公務も持たない、普通の生活者である私たち市民である。私たちが自らの意思にもとづき、議員選挙をはじめとする複数の方式によって政治参加を行い、それによって「人々による政治」を現実のものとしていく。

政治的権利は、国籍を問わず、すべての住民に与えられる。その他の権利についても、国民であるかどうかは関係なく、すべての住民が平等の権利を与えられる。国民国家は無くなり、国民という言葉は過去のものとなる。
「国」・「国家」という言葉と考え方も消滅する。そこには、ただ市民たちの日常を生きる社会があり、その社会の有用な道具としての市民政府・行政機構が作られ、機能していくだけである。
私たち日本列島の住民は、こうした性格を持つ新たな政体を構築し、運営していくための基本法として、以下の各条項を定め、守っていくことにする。

第1章　総則

第1条　（「日本列島政治体」）
日本列島政治体は、この地域に住み、生活をする全ての住民のためのものである。その政治は、近隣地域の政体から中央の政体に至るまで、そこに居住する住民の自治によって行われる。

2項　この政治体の一員となることを希望する人は、市や地区の事務局において住民の登録手続きを行うことだけで、正規の有権者となることができる。

第2条　（「公共性の政治」）
現代における住民の自治は、以下のような性質を持つものでなければならない。これを「公共性の政治」理念と呼ぶ。

「公共性の政治とは、すべての住民が対等の関係において、自由と連帯の理念および民主主義の運用ルールに基づき、個人の自由と多様性を尊重しながら共通の課題に取り組んでいく時に生まれる自治的な政治の質を指すものである。」

第3条（権利の平等）

この政治体においては、すべての住民が対等の関係にある。すべての住民は、基本権においても政治的権利においても平等な権利を持ち、差別されない。

第4条（自由と連帯）

この政治体においては、すべての住民が互いに協力し、自発的に助け合うという意味で、自由と連帯の理念によって結ばれる。公共性の政治は、この関係を基礎として成り立つものである。

第5条（多様性の尊重と共生）

この政治体は、各種の多様性が尊重される中で人々が生きていける社会を目ざすものである。いかなる意味でも少数者が差別され、排除されることがあってはならない。

第6条（分権と自治）

この政治体の政治と行政は、分権と自治の原理にもとづいて行われる。これを構成する地区の政体、市の政体、地方の政体、中央の政体は互いに独立性を持ち、協力しながら、政治と行政の活動を進めていく。各政体の機能と権限範囲については、第4章に記述する。

第2章　公共的基本権と政府の基本的任務

すべての住民は、基本的人権の他に、政治体によって保障されるべき「公共的基本権」を持つ。これらの権利が保障される状態を実現し、維持することは、各政体の政府の基本的な任務である。

[平和]

第7条　すべての人は、いかなる戦争にも巻きこまれず、平和に生活していく権利を持つ。これを「平和生存権」と呼ぶ。

第8条　私たちの政府と公務員は、平和を守り抜くために最善の努力を尽くす義務を持つ。

第9条　私たち日本列島の住民は、いかなる理由であれ、戦争という野蛮な行為をしない。このことを全世界に向けて誓う。

2項　私たちは、自衛のための武力を含めて、いかなる戦力も持たない。前項の「戦争放棄」とともに、「戦力の不保持」を全世界に向けて誓う。

第10条　私たち住民とその政府は、核兵器の廃絶のために全世界の人々と連帯して行動していくことを誓う。

2項　私たち住民とその政府は、あらゆる兵器の開発・貯蔵・売買・供与・使用に反対する。

その全面廃棄を呼びかけ、戦争の無い世界を目ざしていく。

【共生】

第11条　すべての人は、民族や人種、国籍や宗教によって差別されることがない社会に生きる権利を持つ。これを「共生生存権」と呼ぶ。

第12条　すべての人は、性別や身分、性的多様性、各種の障がい、各種の病気、放射能被曝などによって差別されない社会に生きる権利を持つ。

【自然環境・社会保障・法の秩序】

第13条　すべての人は、心身の健康に役立つ、安全で良好な自然環境の下で生活する権利を持つ。

第14条　すべての人は、健康のために適切な治療を受ける権利を持つ。

第15条　すべての子供と未成年は、希望する人生のために適切な教育を受ける権利を持つ。

第16条　働く能力を持つすべての人は、雇用を保障される権利を持つ。

第17条　すべての人は、絶対的および相対的貧困から解放された生活を送る権利を持つ。

第18条　すべての高齢者は、老後の不安と困窮から解放された生活を送る権利を持つ。

第19条　すべての人は、公正な法秩序と良好な治安状態の下で生活する権利を持つ。

第3章　個人の基本的権利と義務

［基本権］

第20条　すべての人は、侵してはならない基本的人権を持ち、かけがえのない個人として尊重される。

第21条　すべての住民は、平等の政治的権利と義務を持つ。

2項　選挙の有権者となる年齢は、法律によって定める。

3項　すべての人は、議会外で活動する政治結社を形成し、参加する自由を持つ。（これまでの「政党」については、第4章40条で述べる。）

第22条　すべての人は、生命への権利と心身を害されない権利を持つ。これを損ない、侵害する行為は、すべて犯罪である。

2項　すべての人は、あらゆる種類のいじめとパワーハラスメントの被害を免れる権利を持つ。

3項　すべての人は、過酷な労働条件で働かされることから保護される権利を持つ。

第23条　すべての人は、自由意志にしたがって行動し、幸福を追求して生きる権利を持つ。これに関する個人の意思は最大限に尊重されなければならない。

第24条　すべての人は、それを望む二人の合意のみによって結婚することができる。

2項　同性同士であっても、結婚することができ、法的に差別されない。

3項　結婚が可能になる年齢は、法律によって定める。
第25条　すべての人は、移動の自由と移住の自由を持つ。
2項　この政治体から離脱したい時は、住民登録の停止を申請することによって、手続きを完了することができる。
第26条　すべての人は、表現の自由を保障される。ただし、差別的言動やインターネットなどを通じて他者を傷つける行為は許されない。
2項　すべての行政機関は、検閲やイベント中止措置などによって各種の表現行為を妨害してはならない。
第27条　思想信条の自由、信仰の自由、良心の自由は、不可侵の権利として保障される。
第28条　すべての人は、プライバシーを保護される権利を持つ。保護されるべき情報の範囲は、法律によって示される。
第29条　すべての人は、自分の所有する財産を守る権利を持つ。財産には、多くの種類の知的財産の他、価値あるデータや情報なども含まれる。
第30条　すべての勤労者(公務員を含む)は、労働組合を作り、経営者または行政の当局と交渉し、ストライキを行う権利を持つ。
第31条　すべての大学生と専門学校生は、自治的組織を作り、教育機関当局と交渉し、よりよい条件の下で教育を受ける権利を持つ。

第32条　すべての人は、学問の自由を持つ。これを保障するため、教育機関の自治は尊重されなければならない。

［住民の義務］

第33条　すべての人は、法律・条令その他の公共的な規則を守る義務を負う。

第34条　すべての人は、法律の定めにしたがって納税する義務を負う。

［子供と未成年］

第35条　子供と未成年は、生命への権利と健康で人間らしい生活を送る権利を持つ。

2項　子供と未成年は、あらゆる暴力・虐待・搾取から守られ、幸福に生きる権利を持つ。

第36条　子供と未成年は、その意思が尊重され、自由に発言や活動ができる権利を持つ。

2項　子供と未成年は各種の政治活動をする権利を持つ。

3項　子供と未成年は、親の信じる宗教によって発生する、あらゆる苦痛から救われ、自由に生きる権利を持つ。

第４章　政体に関する規定

［全体構成と基本原則］

第37条　全体は大きく、市レベルの政体、地方レベルの政体、中央レベルの政体に分けられる。市レベルの政体にはこれを細かく区分した地区の政体、地方レベルの政体にはこれを区分した広域連合の政体が含まれる。
第38条　地区は市（農村部では郡、大都市部では区）に対して、市は地方に対して、地方は中央に対して独立性を持ち、それぞれの範囲内で自治を行うことができる。
第39条　各レベルの機能は、補完性の原理によって決定される。したがって、地方は市に対して補完的な機能を持ち、中央は地方に対して補完的な機能を持つ。
第40条　各レベルにおける議会政治および各種の選挙は、政党が関与しない形で行われなければならない。
2項　こうした活動を行う団体としての政党の結成は禁止される。
第41条　政治と宗教は厳しく分離されなければならない。
2項　公金は、特定の宗教団体のために支出されてはならない。

［市レベルの政体］

第42条　市レベルの政体には、①市評議会と事務局、②執行委員会と事務局、③地区委員会と事務局、③各種の行政委員会と事務局の4つが含まれる。執行委員会と事務局は、市の政府にあたるものである。
2項　市レベルの政体は、位置する地域によって名称が変わる。農村部では郡の政体、東京特別区（23区）では区の政体と呼ばれる。以下では、市をそれらの総称として用いて、条文を表記する。

3項　市の政体は、市政の全般と市民生活に必要なすべての機能に関する政治と行政活動の役割を持つ。

第43条　市評議会は、討議と議決のための機関として、市の民主政治の中心となる。その成員を評議員と呼ぶ。

2項　市評議員は、市に住むすべての成人住民を有権者とする普通選挙によって選ばれる。すべての成人住民は、立候補する資格を持つ。

3項　市評議会は、男女同数の評議員によって構成される。

4項　市評議会には、外国籍を持つ評議員が含まれる。在日韓国・朝鮮人と、その他の外国人に分けて、人口割合に比例した議席数が確保される。人口割合に比例した議席数が1未満になる場合は、それぞれ1議席とする。

5項　市評議員は、非常勤公務員として活動し、勤務日数・時間に応じた給与を受け取る。任期は3年とし、5期まで再選されることができる。

6項　市評議員は、事務局の中に置かれる各種の行政委員会のどれか1つに所属し、評議員と行政委員を兼任する。

7項　評議員は、市評議会で解任が提案され、定数の3分の2以上が賛成した時、任期途中で解任される。

第44条　市執行委員会は、評議会の決定事項を執行し、市の行政の中心となる機関である。

2項　市執行委員会は、評議会の中で執行委員選挙によって選ばれる。執行委員の任期は1年とし、再選されることができる。

3項　市執行委員は、事務局の中に置かれる各種の行政委員会のどれか1つに所属し、執行委員と行政委員を兼任する。

第45条　市の行政委員会は、事務局の中に置かれ、各行政部門の活動を指揮・監督する機関である。

2項　各行政委員会は、同数ずつの市評議員と市公務員によって構成される。各評議員の配属は、市評議会によって決定される。

第46条　地区の政体は、各市の中の中学校区毎に置かれる政治・行政の機構である。

第47条　地区委員会は、討議・議決の機関であると同時に、日常的な行政活動の機関でもある。

2項　地区委員は、すべての成人住民の普通選挙によって選ばれる。すべての成人住民は、これに立候補する資格を持つ。

3項　地区委員会は、男女同数の委員によって構成される。

第48条　年1回、地区の住民総会が開かれる。ここでは、地区委員会の活動方針、活動報告、決算報告と予算案、特別議題などが話し合われる。

2項　地区の住民は、いつでも地区委員や事務局に何らかの行政活動を要請したり、議題の提案をしたりすることができる。

第49条　地区の政体は、下記のような権限の範囲を持つ。
①教育分野：保育園・小学校・中学校
②福祉分野：高齢者・障がい者・基準以下の低所得者への福祉
③文化分野：図書館・文化活動・スポーツ
④保健分野：感染症関連の行政サービス、在宅医療の支援
⑤防災分野：避難訓練・各種防災点検と市への報告
⑥まちづくり分野：まちづくりの支援

第50条　市の政治は、市評議会における討議の他に、以下の2種類の直接民主主義的方法によって行われる。市評議会は、これらによって得られた結果を尊重しつつ、決定を行わなければならない。
①決定力を持つ住民投票　②電子機器を用いたタウン・ミーティング

第51条　外国籍を持つ住民の声を市政に反映するために、外国人市民会議が定期的に開かれる。市の諸機関は、この会議の成果を活かして、外国人も住みやすい街にするための活動に取り組んでいくべきである。

【地方の政体】

第52条　地方の政体は、市レベルと中央レベルの中間に位置する政体である。
2項　地方の政体の中には、各地方を2つ、または3つに分けた広域連合の行政機構がおか

れる。広域連合は、その中にある市や郡の連合体である。

第53条　地方の区分、広域連合の区分は次のとおりである。

北海道地方（2）：中南部（道南・道央）、北東部（道北・道東）
東北地方（3）：北東北（青森・岩手）、西東北（秋田・山形）、南東北（宮城・福島）
関東地方（4）：北関東（栃木・群馬・埼玉）、東関東（茨城・千葉）、南関東（東京・神奈川）、東京都心部（23区）
中部地方（3）：甲信越（山梨・長野・新潟）、北陸（富山・石川・福井）、東海（静岡・愛知・岐阜・三重）
関西地方（3）：西関西（大阪・兵庫）、東関西（京都・滋賀）、南関西（和歌山・奈良）
中国地方（2）：山陽（岡山・広島・山口）、山陰（鳥取・島根）
四国地方（2）：北四国（香川・愛媛）、東南四国（徳島・高知）
九州地方（2）：北九州（福岡・佐賀・大分・長崎）、南九州（熊本・宮崎・鹿児島）
沖縄地方（2）：本島地域（本島・沖縄諸島）、先島地域（八重山群島・宮古群島）

第54条　地方の政体には、①地方評議会と事務局、②地方〈経済〉評議会と事務局、③地方〈社会〉評議会と事務局、④執行委員会と事務局、⑤広域連合と事務局、⑥各種の行政委員会と事務局の6つが含まれる。執行委員会と事務局は、地方の政府にあたるものである。

第55条　地方評議会は、討議と議決のための機関として、地方の民主政治の中心となる。その成員を地方評議員と呼ぶ。

2項　地方評議員は、その地方で活動するすべての市評議員を有権者とする選挙によって選ばれる。すべての市評議員は、立候補する資格を持つ。この選挙の具体的方法は法律によって定める。

3、4、7、8項　市評議員に関する43条3、4、6、7項と同じ規定とする。

5項　北海道地方評議会には、先住民族アイヌの評議員が含まれる。

6項　地方評議員は、常勤公務員として活動し、毎月給与を受け取る。任期は3年とし、5期まで再選されることができる。

第56条　地方執行委員会は、評議会の決定事項を執行し、地方の行政の中心となる機関である。

2、3項　市執行委員会に関する44条2、3項と同じ規定とする。

第57条　地方の行政委員会は、事務局の中に置かれ、各行政部門の活動を指揮・監督する機関である。

2項　市の行政委員会に関する45条2項と同じ規定とする。

第58条　広域連合は、市と地方の中間レベルに位置する行政の機構である。この行政機構は、その地域に含まれるすべての市・郡の連合体としての性格を持つ。

2項　広域連合には、1つの運営委員会と必要な数の行政委員会が置かれる。運営委員会は、

3項　広域連合の行政の中心となる機関である。
4項　行政委員は、その区域に属するすべての市・郡・区評議会から1人ずつ選ばれる。
運営委員は、行政委員の中から互選で選ばれる。
第59条　広域連合と地方の政体は、下記のように権限の分割を行う。
広域連合：防災・救助、インフラ管理、交通管理、私企業管理、雇用・労働、医療・保健、生活福祉、環境保全、農林・水産業支援
地方政体：以上の9つの他に、教育、文化・芸術、社会改革、経済政策・経済改革、産業政策、エネルギー、地方放送・通信、地方づくり、土地・建築の管理、観光の振興など。
2項　共通する9つの分野については、地方政体が政策の決定、地方全体の計画の作成、予算配分を行い、広域連合が広域内の詳細計画と実行を担当するという分業体制にする。
第60条　地方〈経済〉評議会は、その地方において「よりよい経済」を実現するために何をすべきかを議論し、その方策を決定するための機関である。
2項　評議員の構成は、経営者代表が4分の1、労働者代表が4分の1、専門家が4分の1、一般市民が4分の1となる。それぞれの選出方法は、法律によって定める。
3項　「よりよい経済」が満たすべき各種の条件、到達目標は法律によって定める。
第61条　地方〈社会〉評議会は、その地方において差別と抑圧のない「よりよい社会」を実現す

2項　るために何をすべきかを議論し、その方策を決定するための機関である。
2項　評議員の構成は、当事者代表が4分の1、関連市民団体が4分の1、専門家が4分の1、一般市民が4分の1となる。それぞれの選出方法は、法律によって定める。
3項　「よりよい社会」が満たすべき各種の条件は法律によって定める。
第62条　上記2つの評議会は、地方評議会と協働しながら、担当する諸課題の解決に取り組む。
2項　同じ議案について、地方〈経済〉評議会（または地方〈社会〉評議会）と地方評議会の結論が異なる場合は、前者と後者が協議して決定する。
3項　協議による調整ができなかった場合は、住民投票を行い、その結果にもとづいて決定する。
第63条　地方の政治は、3つの評議会における討議の他に、以下の3種類の直接民主主義的方法によって行われる。地方評議会は、これらによって得られた結果を尊重しつつ、決定を行わなければならない。
①決定力を持つ住民投票　②討議型世論調査　③電子機器を用いたタウン・ミーティング

【中央の政体】

第64条　中央の政体の主な役割は、以下の諸機能に関する政治・行政活動を行うことと、緊急時の対応を行うことである。

①国際関係：外交と通商、さらには国連関係の活動、移民・難民、国際支援
②出入国と輸出入：入管・検疫など。
③経済全体の政策：通貨・金融システム・税制・産業振興・貿易など。
④統一されたルール：さまざまな法律、公的資格認定の基準、交通ルールなど
⑤大災害時の緊急支援や復興支援、⑥各種インフラや通信網や放送、⑦先端技術の開発、⑧気象予報・地震情報など、⑨よりよき社会・経済のための改革、⑩新たに発生する諸課題

第65条　中央の政体には、①中央評議会と事務局、②中央〈経済〉評議会と事務局、③中央〈社会〉評議会と事務局、④地方代表者会議、⑤中央執行委員会と事務局、⑥各種の行政委員会と事務局の6つが含まれる。中央執行委員会と事務局は、中央の政府にあたるものである。

第66条　中央評議会は、討議と議決のための機関として、中央の民主政治の中心となる。
2項　中央評議員は、その地方で活動するすべての市評議員と地方評議員、および、すべての地区委員を有権者とする選挙によって選ばれる。すべての評議員とその経験者、および、すべての地区委員とその経験者は、立候補する資格を持つ。
3～8項　地方評議員についての55条3～8項と同じ規定とする。

第67条　中央執行委員会は、評議会の決定事項を執行し、中央の行政の中心となる機関である。

2項　中央執行委員会は、すべての有権者による普通選挙によって選ばれる。執行委員の任期は3年とし、3回まで再選されることができる。

3項　すべての中央評議員は、一定人数の候補者グループを形成し、グループとして執行委員会選挙に立候補する権利がある。各候補者グループは、中央評議会での選挙で1位から4位までの得票数を得ることによって、全地方で実施される普通選挙に臨むことができる。これら一連の選挙の実施方法は、法律によって定める。

4項　中央執行委員は、事務局の中に置かれる各種の行政委員会のどれか1つに所属し、執行委員と行政委員を兼任する。

5項　中央執行委員会は、任期の途中であっても、定数の過半数の中央評議員が解任決議案に賛成した場合に解任される。その場合には、30日以内に、次の執行委員会を選ぶ普通選挙が実施されなければならない。

第68条　中央の行政委員会は、事務局の中に置かれ、各行政部門の活動を指揮・監督する機関である。

2項　市の行政委員会に関する45条2項と同じ規定とする。

第69条　中央〈経済〉評議会は、列島全域において「よりよい経済」を実現するために何をすべきかを議論し、その方策を決定するための機関である。

2、3項　地方〈経済〉評議会に関する60条の2、3項と同じ規定とする。

第70条　中央〈社会〉評議会は、列島全域において差別や抑圧のない「よりよい社会」を実現するために何をすべきかを議論し、その方策を決定するための機関である。
2、3項　地方〈社会〉評議会に関する61条の2、3項と同じ規定とする。
第71条　上記2つの評議会は、中央評議会と協働しながら、担当する諸課題の解決に取り組む。
2、3項　地方〈経済〉評議会および地方〈社会〉評議会に関する62条の2、3項と同じ規定とする。
第72条　地方代表者会議は、地方間の平等性と連帯を実現するために重要な議題について話し合い、決定するための組織である。
2項　この会議は、中央評議会に参加している評議員から各地方3名ずつを選出することによって構成される。
3項　議題についての決定は全員一致方式でなされる。そのため、ある地方が原案に反対したい場合は拒否権を行使することができる。
第73条　中央の政治は、3つの評議会における討議の他に、以下の3種類の直接民主主義的方法によって行われる。中央評議会は、これらによって得られた結果を尊重しつつ、決定を行わなければならない。
①決定力を持つ住民投票　②討議型世論調査　③電子機器を用いたタウン・ミーティング

2項　②および③の会議によって得られた結論と中央評議会の決定に大きな差がある場合、会議に参加した人たちは、その課題についての住民投票を請求することができる。最終決定は住民投票の結果によってなされる。

第74条　中央執行委員会の事務局の組織構造は官僚制的な集権型のものではなく、自由な分権型のものにすべきである。各組織単位間の連絡と調整は、水平型のネットワーク構造をもとにして行われる。

第5章　司法の制度

第75条　すべての人は、必要な場合にいつでも公正な裁判を受ける権利を持つ。

第76条　通常の裁判のための制度は、①広域裁判所、②地方裁判所、③中央裁判所の三審制である。この他に、特定の法律、条令、政策などが憲法に違反していないかどうかを判定するための④憲法裁判所と簡単な事案に対応するための⑤簡易裁判所が置かれる。

2項　広域裁判所は、各広域連合に設置される。地方裁判所は、各地方に設置される。中央裁判所と憲法裁判所は、首都東京に設置される。簡易裁判所は、旧都道府県にその広さに応じて、1つから3つまで設置される。

3項　すべての原告および被告は、広域裁判所の判決に不服がある時、地方裁判所に上告することができる。さらに中央裁判所で争うことができる。

第77条　各種の裁判所の裁判官は、政治機構や行政機構からの介入がない形で任用される。任用の決定の方法は、法律によって定められる。

第78条　中央裁判所と憲法裁判所の裁判官については、中央評議会で審議が行われ、3分の2以上の評議員が賛成した時、罷免することができる。

第79条　すべての裁判は公開の法廷で行われ、傍聴することができる。

第80条　一般市民も「裁判員制度」を通じて裁判の過程に参加することができる。この制度の仕組みと運用については、法律で定める。

第81条　すべての有権者は、まず簡易裁判所において問題提起することによって、ある法律の違憲性を問う手続きを始めることができる。そこで賛成が得られた時、憲法裁判所に訴訟を起こすことができる。勝訴した場合、その法律は無効となる。

2項　各評議会の評議員も、定数の3分の1の議員の賛成が得られた場合、この手続きを始めることができる。

第82条　すべての人は、警察と検察による違法な処置と人権侵害の行為を受けない権利を持つ。

2項　逮捕・拘留・捜索・押収に関して人権を守るための具体的な規定は、法律で定められ、マス・メディア等を通じてすべての人に伝えられる。

3項　冤罪による逮捕・拘留・刑罰は、絶対にあってはならない。冤罪であったことが明らかになった場合には、その原因と過程を完全に究明し、これを生みだした責任者と関与した者たちを処罰しなければならない。

4項　冤罪が明らかになった時は、それによって刑罰を受けた者に対して、中央政府は正当な補償をしなければならない。逮捕や拘留によって生じた被害については、市政府が補償しなければならない。

第83条　刑罰の種類およびその執行も人道的なものでなければならない。

2項　死刑という残虐な刑罰は廃止する。

第6章　財政民主主義

第84条　各政体の中央執行委員会と事務局は、評議会と行政委員会の決定にもとづいて財政支出を行わなければならない。

2項　これを確実にするために、毎年、各政体において、厳正な監査が実行されなければならない。

第85条　税制の決定や予算案の作成は、基本法が定めた公共的理念の実現を目ざして行われるべきである。

2項　税制の決定や変更は、直接民主制的方法も含めた民主的な手続きによって行われるべきである。

3項　税収の各政体への配分は、分権の原理の実現と地方間、市間の財政的平等化という原則にしたがって行わなければならない。

第7章　基本法改正

第86条　この基本法は、中央評議会の総議員の3分の2以上の賛成が得られた時、改正を発議できる。中央と地方の事務局は、これを受けて、全地方における住民投票を準備する。住民投票が実施され、有効投票の過半数が改正案に賛成する票だった場合に、この基本法は改正される。

第8章　その他の規定

第87条　民主主義を思想的にも確立するため、天皇制と皇室制度は廃止される。

2項　すべての旧皇族は、一般住民と同等の権利・義務を持つようになる。年金等の社会保障の対象にもなる。

3項　過渡的措置として、旧皇族の人々が一般住民としての安定した生活を送れるように、職業教育その他の支援を実施すべきである。これは、中央の政体の義務となる。

以上

あとがき

[1] これまでと、これから

本書のテーマである民主政治の大転換ということを考えるようになったのは、今から7年前、2016年の春のことである。当時、『脱「戦後日本」のナショナリズム』という本の原稿を書いていたのだが、その終章を書こうとして、あらためて戦後日本の政治が何であったかを考えてみることになった。

その時に結論として思ったのは、戦後日本の政治は、人々の側に数々の犠牲や差別を生みながら、「欺瞞による支配」を特徴とする統治構造によって営まれてきたということである。そのことと、右傾化によって進行しつつある危機の深まりを考える中で、これまでの政治のあり方や仕組みを根本的に変えていかなければならないという思いを持つようになった。

終章の中でそのような考えを展開した上で、最後に「どうしようもなくなる前に日本の民主化革命を実現すべきである」と書いたのであるが、具体的に何をどう変えるべきかは、この時点ではまだはっきりしていなかった。あれから7年たった今、デモクラシー変革のビジョンを明確な形で示すことができるようになったことに、ひとまずの達成感を持っている。

しかし、その一方では、この本の活かし方についての責任も感じるようになってきた。実践的な目的を持つ本なのだから、賛成してくれる人々とともに掲げた目標の実現に取り組んでいきたいと思う。そういう流れを創り出していくことも自分の責任だと思うのである。

その取り組みの中でいろいろな人たちと出会うことによって、めざす変革への希望の芽を育てていけるだろうと思っている。

遠くの結果を見通せるわけではないが、この方向で努力を積み重ねていくこと自体に未来につながる意義があるのではないかと思っている。その上で実際に目標達成への道が開けていくかどうかは、これからの歴史の展開次第だと思うのである。

[2] 政治の質の変化について

最後に論じておきたいと思うのは、新たなデモクラシーが実現できた場合に期待される「政治の質」の変化である。

(1)「民衆の自治」の実現
私は、この政体が実現するならば、それは市民の中の3種類の人々によって支えられるものになるだろうと考えている。第一は、新たな質の政治に率先して参加すべく、各政体の評議員になろうとする人々。第二は、参加民主主義の討議イベントや各種のまちづくりに積極的に参加する人々。第三は、地方・中央の政治や社会・経済の問題に関心を持ち、よく考えて政策や候補者に投票する人々である。この3種類の人々がある程度多くいれば、ネクスト・デモクラシーは必ず成功すると思う。

このことは、同時に「民衆の自治の実現」という政治の質の変化を意味するものでもある。3層の人たちの行動や反応が相互に影響し合って政治が動くようになる時には、その時々の民意を反映した政治が実現しやすくなり、生活者市民の立場に立った政治の質になっていくと思うのである。

(2) ローカル・デモクラシーとの結合から生まれるもの

ローカル・デモクラシーとの結合は、「連帯の政治」という、もう一つの本質的特徴を生み出すことになる。この点は、コミュニティ再生に見られる「新たな共同性」と結びつけて考えると理解しやすくなると思う。

現代のコミュニティ再生は、生活の中から生まれる自然発生的なものである。隣人として互いに助け合って生活していこうという気持ち、同じ生活者住民として向かい合う意識がそこにはある。近隣自治のデモクラシーも、これと同質の意識に支えられて営まれるものである。そうした営みが基礎にある時、市レベルの自治も連帯の政治という性質を持つものとなる。市は一面で地区の連合体という性格を持っているからである。

地方レベルの自治、中央の政治においても、連合体の原理による連帯の政治という性格は維持される。そこでも、地域間・地方間の協力関係、互いの思いやり、譲り合いが重要なものとなるからである。

（3）　参加民主主義的方法の多用から生まれるもの

各レベルの政体において、直接民主制その他の参加民主主義的方法が多用され、重要な位置づけを与えられている。このことも政治の質を変えていく上で、大きな意味を持つものになると考える。というのは、自由民主主義体制においては、国民は選挙の時だけ主権者として扱われ、その他の時は単なる被統治者になってしまうのであるが、参加民主主義的方法が多用されることによって、この点も変わってくるからである。つまり、（1）で述べたような、民衆の中の3つの層の力の相互作用によって政治が動くということが増えて、常態化していくことになる。それによって、一般有権者の意向は、つねに政治を動かす力の一つとして機能し続けるのである。

（4）　政党政治からの脱却が生み出すもの

政党政治からの脱却ということも、重要な変化を生み出すものになる。

今の政体においては、政権を握った政党が大きな権限を与えられ、自分たちの目ざす各種の政策を次々に実現していけるようになっている。その中に有権者の反対が強い政策が含まれていても、国会で成立させることは可能である。

新しい政体においては、このようなことは起こらない。一つ一つの政策が評議会において審議され、各評議員の自主的な判断で票決が行われる。有権者も参加民主主義的方法を通じて、このプロセスに影響を与えることが可能になる。これによって、政党の盛衰ではなく、個別の政策の是非に関心が集まる政治に変わることが予想される。

ということで、政治が数の力によって決まるものではなく、個別の政策をめぐる話し合いと多くの人たちの合理的な判断によって決まるものになるという本質的な変化が生まれる。

（5）　集団主義的な政治との訣別

ローカル・デモクラシーの叙述でもしばしば言及したことであるが、あるべきローカル・デモクラシーにおいては、個人の自由と自発性の尊重が確立したものになるべきであり、そういう変化が期待できる。自由民主主義政体においては、個人の自由は大事な価値とされながら、組織の力、集団の力が強く働く方への変化が進んできた。その結果、現代において、組織に属さない個人は無力感を持たざるをえない状況になっている。

この点も、新たなデモクラシーにおいては大きく変わることが期待される。

社会において多様性の尊重が原則になると同時に、政治においても多様な立場が認められ、各個人の自由な意見の発表が活発に行われるべきである。新しい政体においては、参加民主主義的方法に重要な位置づけが与えられるので、政治への関心を持つ個人にとって言論活動がやりがいのあるものとなる。新たなデモクラシーの政治の質は、そうした個人の言論活動の活発化によって、より民主的なものになっていくことが期待される。

(6) 当事者たちの参加によって社会問題を解決する政治へ

地方と中央に〈社会〉評議会を作り、当事者代表に参加してもらうことも、自由民主主義の政体には見られない独自の制度である。これは、今の社会に蔓延している差別と抑圧に抗するための強力な手段となる。当事者の声が伝わりやすくなるし、それによって人々の心を動かしやすくなるからである。もちろん、長年の差別が一気に消えていくとは思わないが、徐々に状況を変えていくことはできると思う。その中で、問題に関心を持つ人は確実に増えていくだろうし、そういう人々が社会の中に増えていくこと自体が力になるはずである。新たなデモクラシーの下では、当事者を中心として、さまざまな問題についての取り組みが始まることになる。それによって、社会全体が傍観者の少ない、思いやりのあるものに変わっていくことが期待される。

[3] 結語

この民主政体は、現代社会が解決を迫られている諸問題に取り組みつつ、すべての住民による自治を実現しようとするものである。そういう意味で、時代が求める政治のあり方を指し示し、実現するものだと言える。

今の日本と世界の悲惨な状況を変えていくためには、生活者市民が主役となる連帯民主主義への移行がぜひとも必要である。私は、この認識が多くの人々に共有されるように努力していこうと思う。明日の、よりよき世界のために。

【著者】
小宮修太郎
…こみや・しゅうたろう…
1949年福島県生まれ。京都大学法学部卒業、東京都立大学大学院社会科学研究科博士課程中退。全港湾労組書記、日本語学校講師を経て筑波大学などで留学生教育に従事。主な著書に『提言・共同雇用制度早期実現への道』『脱「戦後日本」のナショナリズム』(第三書館)がある。

［ブログ］
「ネクスト・デモクラシーの研究室」・「小吉堂草信《しょうきちどうそうしん》」

Sairyusha

ネクスト・デモクラシーの構想《こうそう》
新たな民主政体へ

二〇二三年七月二十日　初版第一刷

著者——小宮修太郎
発行者——河野和憲
発行所——株式会社 彩流社
〒101-0051
東京都千代田区神田神保町3-10大行ビル6階
電話：03-3234-5931
ファックス：03-3234-5932
E-mail：sairyusha@sairyusha.co.jp
印刷——明和印刷(株)
製本——(株)村上製本所
装丁——著者自装

ISBN978-4-7791-2907-0 C0031
https://www.sairyusha.co.jp